Kreative Methoden für den Fremdsprachenunterricht

Stefanie Giebert | Christiane Klempin | Andreas Wirag (Hrsg.)

Theater, Film, Poetry-Slam, Karaoke & Co.

Verlag an der Ruhr

Impressum

Titel: Kreative Methoden für den Fremdsprachenunterricht
Theater, Film, Poetry-Slam, Karaoke & Co.

Herausgeber*innen: Stefanie Giebert, Christiane Klempin, Andreas Wirag

Autor*innen: Luisa Alfes, Nils Bernstein, Tanja Fohr, Stefanie Giebert, Martin Kesting, Christiane Klempin, Andrea Knupfer, Thomas Pfeifer, Sophie Charlotte Vogel, Andreas Wirag

Umschlagmotive: Icons (auch im Innenteil) und Hintergrund:
© beast01 – Shutterstock.com

Lektorat: Corina Altmann

Druck
Heenemann GmbH & Co. KG, Berlin, DE

PEFC zertifiziert
Dieses Produkt stammt aus nachhaltig bewirtschafteten Wäldern und kontrollierten Quellen.
www.pefc.de

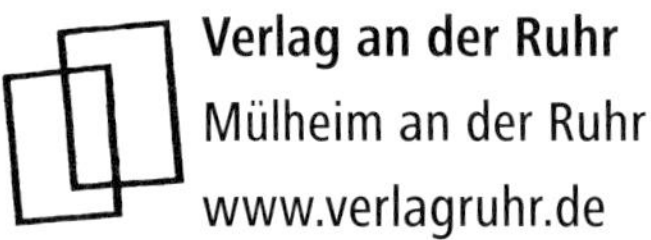

Geeignet für die Klassen 5–13

ISBN 978-3-8346-6476-1

Inhaltsverzeichnis

Vorwort und didaktische Hinweise 5
Übersicht über die Methoden nach Kompetenz und Lernjahr 7
Herausgeber*innen und Autor*innen 10

Kapitel 1 – Musik

Die „Sprache“ der Musik im Fremdsprachenunterricht 12
Songtexte lesen 14
Ein Song-Jahresrückblick 15
Mut zur Lücke – Songs verstehen 17
Songs mitsingen 19
Einen Song erklären 20
Akzente und Dialekte in der Musik 22
Ein Wortschatz-Rap 23
Ein Grammatik-Rap 25

Kapitel 2 – Theater

Fremdsprachen lernen durch Dramapädagogik 28
Szenendetektivinnen und -detektive 30
Eine Lebensgeschichte in fünf Etappen 32
Gehörtes verkörpern 34
Klatsch und Satz 36
Sprachmittlung im Rollenspiel 38
Filmplakate auf kulturelle Unterschiede hin analysieren 40
Auflockernde Wortschatzspiele 41
Das dramagrammatische Fünfphasenmodell 43

Kapitel 3 – Bildende Kunst

Fremdsprachen lehren und lernen mit Bildender Kunst 46
Texte in Illustrationen umwandeln 48
Ein Vielleicht-Gedicht zu einer Bildvorlage 50
Das Bilddiktat 52
Ich sehe was – aber was? 54
Im Gespräch mit dem Kunstwerk: Wer bist du? 56

Der Bildsteckbrief 58
Das Worträtselbild: Wie sieht das Bild aus? 60
Das sprechende Bild 62

Kapitel 4 – Film

Visuelle Bewegtmedien, Filme und Serien im Fremdsprachenunterricht 66
Eine Drehbuchszene dramatisch erlesen 69
Imaginatives Schreiben zum Film 71
Eine Film-/Serienszene durch Hören erschließen 73
Einen Filmausschnitt auf unterschiedlichen Sinneskanälen wahrnehmen 75
Eine Film-/Serienszene sprachmitteln 77
Interkulturelles Lernen durch Perspektivenwechsel fördern 79
Wortschatz mit einem Comedy-Sketch erarbeiten 81
Den Konjunktiv II durch Sprachvergleiche verstehen 83

Kapitel 5 – Karaoke

Karaoke als Neuland im Fremdsprachenunterricht 86
Die „Lyrik“ in einem Song erkennen 88
Karaoke-Songtexte schreiben 89
Liebessongs hören und verstehen 91
Eine Karaoke-Performance 93
„Agathe Bauer“: Eine Oberflächenübersetzung 95
Kulturelle Deutungsmuster in Songs 97
Ein Vokabel-Rap 98
Ein Grammatik-Karaoke 100

Kapitel 6 – Poetry-Slam

Poetry-Slam als junge Literatur 104
Authentische Poetry-Slam-Texte lesen 106
Ein Elfchen-Poetry-Slam-Text 107
Authentische Poetry-Slam-Performances anschauen 109
Eine eigene Poetry-Slam-Text-Performance 111
Einen Poetry-Slam-Text literarisch sprachmitteln 113
Poetry-Slam-Texte als „Critical Incidents“ 115
Ein Ich-Poetry-Slam-Text 117
Ein Grammatik-Poetry-Slam-Text 119

Vorwort und didaktische Hinweise

Der Fremdsprachenunterricht und die Künste

Den eigenen Fremdsprachenunterricht so zu gestalten, dass Schüler*innen[1] mit Motivation bei der Sache sind, ihre Ideen einbringen, gerne mitarbeiten, Fragen stellen usw. – das ist wohl der Wunsch einer jeden Lehrkraft. Was liegt also näher, als im Fremdsprachenunterricht etwas aufzugreifen, womit die Schüler*innen sich in ihrer Freizeit sogar freiwillig beschäftigen möchten: mit den Künsten!
Die vorliegende Sammlung enthält Unterrichtsmethoden zu vier großen Künsten, d. h. zu Musik, Theater, Bildender Kunst und Film. Wir haben aber auch Karaoke und Poetry-Slam in die Sammlungen aufgenommen, da beide sich als sprachliche Künste besonders zur Förderung der Fremdsprache eignen. Außen vor bleiben Literatur und kreatives Schreiben, da diese bereits ihren festen Platz im Fremdsprachenunterricht haben.
Die Sammlung ist so aufgebaut, dass die sechs Künste mit acht zentralen Kompetenzen des Fremdsprachenunterrichts verbunden sind, d. h. mit Lesen, Schreiben, Hörsehverstehen, Sprechen, Sprachmittlung, Interkultureller Kompetenz sowie Grammatik und Wortschatz. Auf diese Weise kann für jede Kompetenz ein Methodenblatt aus jeder Kunstrichtung gewählt werden, woraus sich – sechs Künste mal acht Kompetenzen – 48 Unterrichtsmethoden mit Kunsteinsatz ergeben.
Die Sammlung ist bewusst für alle Fremdsprachen, also für Englisch, Französisch, Spanisch, Italienisch, Russisch oder DaF/DaZ konzipiert und daher sprachfachneutral beschrieben. Allerdings beziehen sich die Beispiele auf den Methodenblättern jeweils auf eine konkrete Fremdsprache (z. B. Englisch).

Die Methodenblätter der Sammlung umfassen folgende Inhalte:

- das Lernjahr, ab dem die Methode eingesetzt werden kann
- die benötigte Unterrichtszeit
- eine Kurzbeschreibung der Methode
- das Material, das zum Unterrichten benötigt wird
- die einzelnen Unterrichtsschritte im Detail
- Beispiele für passende Texte, Songs oder Bilder

[1] Der Verlag an der Ruhr legt großen Wert auf eine geschlechtergerechte und inklusive Sprache. Daher nutzen wir neutrale Formulierungen oder das Gendersternchen, um alle Menschen unabhängig von Geschlecht oder Geschlechtsidentität einzuschließen.

Auf Methodenblättern, die kurze Filme oder Musik nutzen, gehen wir davon aus, dass Sie die Titel selbst über Youtube, Spotify o. ä. Plattformen auswählen, ohne dass direkte Quellen angegeben sind. Auch die Verfügbarkeit eines Abspielgeräts für Film oder Musik (z. B. Whiteboard) wird nicht gesondert genannt.

Allgemeine didaktische Hinweise

Bei der Arbeit mit den Methodenblättern sind folgende Hinweise hilfreich:

- Die Methodenblätter können eigenständig zur Förderung der jeweiligen Kompetenz eingesetzt werden. Über die Auswahl der Texte, Songs oder Bilder lassen sich die Methoden aber auch leicht thematisch in eine laufende Unterrichtseinheit einbinden.
- Die Methoden eignen sich ebenso für Vertretungsstunden oder für Stunden vor Ferienbeginn, wenn die Schüler*innen weniger konzentriert sind, oder nach Ferienende, um das Wiederankommen zu erleichtern.
- Die Sammlung bietet viele unterschiedliche Künste an. Auf diese Weise können Sie Schüler*innen mit unterschiedlichen künstlerischen Interessen und Vorkenntnissen ansprechen.
- Eine positive, wertschätzende Lernumgebung unterstützt die Schüler*innen dabei, sich frei und kreativ auszudrücken. Ermutigen Sie sie dazu, kreative Risiken einzugehen und die Fremdsprache angstfrei auszuprobieren.
- Lagern Sie längere Schreib- oder Zeichenphasen in die Hausaufgabe aus und nutzen Sie die entstandenen Schülerprodukte in der Folgestunde.
- Bei der Rückmeldung zu den Schülerprodukten darf auch die künstlerische Qualität – und nicht nur die Fremdsprache – eine Rolle spielen.
- Gehen Sie nicht davon aus, dass alle Methoden sofortige „Selbstläufer" sind. Die Schüler*innen (und Sie selbst) müssen sich erst an die Aktivitäten gewöhnen, die nicht Teil des üblichen Fremdsprachenunterrichts sind – was eben ihre besondere Stärke ist!
- Betonen Sie die Ähnlichkeit zwischen künstlerischem und sprachlichem Lernen. In beiden Bereichen verbessert man seine Fähigkeiten über wiederholte Übung, die Orientierung an Vorbildern (d. h. Muttersprachler*innen, etablierten Künstler*innen) und durchläuft Zwischenstufen, die im Abgleich mit den Vorbildern nicht als defizitär, sondern als Wegmarken zu verstehen sind.
- Denken Sie auch die Möglichkeit einer Präsentation der Schülerprodukte mit, die vielleicht im eigenen Klassenzimmer stattfindet. Die Aussicht auf eine eigene Ausstellung ihrer Werke dürfte die Schüler*innen zusätzlich motivieren.

Übersicht über die Methoden nach Kompetenz und Lernjahr

Methode (Seite) / **Kompetenz**	Lesen	Schreiben	Hörsehverstehen	Sprechen	Sprachmittlung	Interkulturelles Lernen	Wortschatz	Grammatik	**Lernjahr**
Kapitel 1: Musik									
Songtexte lesen (S. 14)	x								ab 2
Ein Song-Jahresrückblick (S. 15)		x							ab 4
Mut zur Lücke – Songs verstehen (S. 17)			x						ab 1
Songs mitsingen (S. 19)				x					ab 1
Einen Song erklären (S. 20)					x				ab 4
Akzente und Dialekte in der Musik (S. 22)						x			ab 5
Ein Wortschatz-Rap (S. 23)							x		ab 1
Ein Grammatik-Rap (S. 25)								x	ab 1
Kapitel 2: Theater									
Szenendetektivinnen und -detektive (S. 30)	x								ab 4
Eine Lebensgeschichte in fünf Etappen (S. 32)		x							ab 4
Gehörtes verkörpern (S. 34)			x						ab 1
Klatsch und Satz (S. 36)				x					ab 1
Sprachmittlung im Rollenspiel (S. 38)					x				ab 2
Filmplakate auf kulturelle Unterschiede hin analysieren (S. 40)						x			ab 4
Auflockernde Wortschatzspiele (S. 41)							x		ab 1
Das dramagrammatische Fünfphasenmodell (S. 43)								x	ab 1

Methode (Seite) / Kompetenz	Lesen	Schreiben	Hörsehverstehen	Sprechen	Sprachmittlung	Interkulturelles Lernen	Wortschatz	Grammatik	**Lernjahr**
Kapitel 3: Bildende Kunst									
Texte in Illustrationen umwandeln (S. 48)	x								ab 1
Ein Vielleicht-Gedicht zu einer Bildvorlage (S. 50)		x							ab 1
Das Bilddiktat (S. 52)			x						ab 1
Ich sehe was – aber was? (S. 54)				x					ab 2
Im Gespräch mit dem Kunstwerk: Wer bist du? (S. 56)					x				ab 2
Der Bildsteckbrief (S. 58)						x			ab 2
Das Worträtselbild: Wie sieht das Bild aus? (S. 60)							x		ab 1
Das sprechende Bild (S. 62)								x	ab 1
Kapitel 4: Film									
Eine Drehbuchszene dramatisch erlesen (S. 69)	x								ab 5
Imaginatives Schreiben zu einer Serie (S. 71)		x							ab 2
Eine Film-/Serienszene durch Hören erschließen (S. 73)			x						ab 4
Einen Filmausschnitt auf unterschiedlichen Sinneskanälen wahrnehmen (S. 75)				x					ab 5
Eine Film-/Serienszene sprachmitteln (S. 77)					x				ab 5
Interkulturelles Lernen durch Perspektivenwechsel fördern (S. 79)						x			ab 5
Wortschatz mit einem Comedy-Sketch erarbeiten (S. 81)							x		ab 4
Den Konjunktiv II durch Sprachvergleiche verstehen (S. 83)								x	ab 4

Methode (Seite) / **Kompetenz**	Lesen	Schreiben	Hörsehverstehen	Sprechen	Sprachmittlung	Interkulturelles Lernen	Wortschatz	Grammatik	**Lernjahr**
Kapitel 5: Karaoke									
Die „Lyrik" in einem Song erkennen (S. 88)	x								ab 2
Karaoke-Songtexte schreiben (S. 89)		x							ab 4
Liebessongs hören und verstehen (S. 91)			x						ab 4
Eine Karaoke-Performance (S. 93)				x					ab 4
„Agathe Bauer": Eine Oberflächenübersetzung (S. 95)					x				ab 4
Kulturelle Deutungsmuster in Songs (S. 97)						x			ab 4
Ein Vokabel-Rap (S. 98)							x		ab 4
Ein Grammatik-Karaoke (S. 100)								x	ab 1
Kapitel 6: Poetry-Slam									
Authentische Poetry-Slam-Texte lesen (S. 106)	x								ab 2
Ein Elfchen-Poetry-Slam-Text (S. 107)		x							ab 1
Authentische Poetry-Slam-Performances anschauen (S. 109)			x						ab 2
Eine eigene Poetry-Slam-Text-Performance (S. 111)				x					ab 1
Einen Poetry-Slam-Text literarisch sprachmitteln (S. 113)					x				ab 4
Poetry-Slam-Texte als „Critical Incidents" (S. 115)						x			ab 5
Ein Ich-Poetry-Slam-Text (S. 117)							x		ab 1
Ein Grammatik-Poetry-Slam-Text (S. 119)								x	ab 1

Herausgeber*innen und Autor*innen

Stefanie Giebert (Hrsg.) Kapitel 2: **Theater**  Stefanie Giebert arbeitet als DaZ-Lehrerin an einer Mittelschule und leitet seit vielen Jahren Theatergruppen. Sie unterrichtet außerdem Fachenglisch und DaF an Hochschulen.	**Christiane Klempin (Hrsg.)** Kapitel 4: **Film**  Christiane Klempin war als Englischdidaktikerin an verschiedenen Hochschulen tätig, ist in der Professionsforschung aktiv und hat als Deutsch- und Englischlehrerin im Ausland gearbeitet.
Andreas Wirag (Hrsg.) Kapitel 6: **Poetry-Slam**  Andreas Wirag war als Englisch- und Spanischlehrer am Gymnasium und der Beruflichen Schule tätig und arbeitet in der Englischfachdidaktik der Universität Göttingen.	**Thomas Pfeifer** Kapitel 1: **Musik**  Thomas Pfeifer ist Gymnasiallehrer für Französisch und Ethik und arbeitet an einer Gemeinschaftsschule. Er hat außerdem DaF im Ausland unterrichtet.
Sophie Charlotte Vogel Kapitel 2: **Theater**  Sophie Vogel fördert DaZ in allen Altersstufen von 2 bis 20, bildete Sprachförderkräfte an der Universität Tübingen aus und Pädagog*innen in der DaZ-Förderung fort.	**Andrea Knupfer** Kapitel 2: **Theater**  Andrea Knupfer unterrichtet Deutsch und Französisch an Beruflichen Schulen, ist Theaterlehrerin und seit vielen Jahren in der Lehrkräfteaus- und -fortbildung in Baden-Württemberg tätig.
Luisa Alfes Kapitel 3: **Bildende Kunst**  Luisa Alfes war als Lehrkraft für die Fächer Englisch und Kunst tätig. Sie arbeitet als Oberstudienrätin i. H. in der Didaktik des Englischen an der Universität Duisburg-Essen.	**Tanja Fohr** Kapitel 3: **Bildende Kunst**  Tanja Fohr unterrichtete Kunst, Deutsch und DaF an Schulen im Aus- und Inland. Sie arbeitet im Bereich Deutsch als Fremd- und Zweitsprache an der Universität Kassel.
Nils Bernstein Kapitel 5: **Karaoke**  Nils Bernstein war für den DAAD in Santiago de Chile und in Mexiko-Stadt tätig. Er ist wissenschaftlicher Mitarbeiter und Sprecher des Bereiches Deutsch als Fremdsprache am Sprachenzentrum der Universität Hamburg.	**Martin Kesting** Kapitel 5: **Karaoke**  Martin Kesting war DaF-Dozent an verschiedenen Universitäten und am Goethe-Institut in Ōsaka. Er ist wissenschaftlicher Mitarbeiter für DaF am Sprachenzentrum der Universität Hamburg.

Musik

Die „Sprache“ der Musik im Fremdsprachenunterricht

Musik ist ein Medium, das alle Menschen anspricht und zum Sprechen oder sogar zum Singen bringen kann. Was sich zunächst wie ein Freizeitvergnügen anhört, birgt im Fremdsprachenunterricht das Potenzial für motivierende Spracharbeit, die – bewusst oder unbewusst – im Ohr und im Gedächtnis bleibt.

Dabei eröffnet sich eine Welt voller musikalischer Möglichkeiten. Dies gilt sowohl auf der Ebene der Kompetenzen als auch für die Unterrichtsphasen und Themenbereiche, die mit Musik gestaltet werden können. Ein Song kann z. B. den Wortschatz ergänzen oder reaktivieren, ein Grammatikphänomen sichtbar machen oder zum Schreib- und Sprechanlass werden. Er kann als Ritual den Unterricht beginnen oder beenden, aber auch zwischendurch als „Energizer" motivieren. Die Themen sind dabei so vielfältig wie die Songs selbst. Die Beschäftigung mit Liedern im Fremdsprachenunterricht bietet zudem eine willkommene Abwechslung zur Arbeit mit den Lehrbuchtexten und -aufgaben, gleichwohl dort natürlich immer wieder musikalische Inhalte vorkommen.

Bei der Arbeit mit Musik im Unterricht ist es hilfreich, den Musikgeschmack der Schüler*innen zu kennen. Im Unterrichtsalltag zeigt sich aktuell eine gewisse Vorliebe für Rapmusik, die Präferenzen einer Klasse können aber selbstverständlich ganz verschieden sein und lassen sich nicht verallgemeinern. Dies bietet Raum, um einen Mix an Musikstilen zu erforschen und musikalisch-kulturelle Akzente zu setzen, die den Horizont der Schüler*innen erweitern. Vor diesem Hintergrund wurde bei den Methodenblättern darauf geachtet, dass sie zwar für unterschiedliche Musikstile eingesetzt werden können, der Fokus bei einigen Methoden jedoch auf der Rapmusik liegt. Dies bietet einen weiteren Vorteil: Der „Sprechgesang" erfordert zwar ein gewisses Rhythmusgefühl, die gesangliche Qualität spielt jedoch eine kleinere Rolle. Auf diese Weise haben die Lernenden einen leichteren Zugang zu den Methoden.

Die Methodenblätter können grundsätzlich unabhängig voneinander verwendet werden. Es wird aber empfohlen, zuerst die rezeptiven Methoden auszuprobieren, bevor aktiv Texte geschrieben werden. So können sich die Schüler*innen mit der Musik in der Fremdsprache vertraut machen, die – abgesehen von Songs auf Englisch – von vielen eher selten in der Freizeit gehört wird. Durch das musikalische „Sprachbad" kann ein wichtiger Impuls gesetzt werden, der idealerweise über den Unterricht hinausgeht. Was sich zunächst wie ein reines Freizeitvergnügen im Unterricht anhört, wird dann vielleicht auch wirklich eines!

Weitere Unterrichtsideen zur Musik

- Costa Pereira, R. (2007): **Lieder und Musik im Unterricht Deutsch als Fremdsprache.** Online verfügbar unter: https://www.researchgate.net/publication/317505314_Lieder_und_Musik_im_Unterricht_Deutsch_als_Fremdsprache (letzter Zugriff: 18.11.2023).
  ➲ Der Beitrag bietet einen guten Überblick über die Arbeit mit Musik im DaF-Unterricht. Es werden z. B. Kriterien für die Auswahl geeigneter Lieder und zahlreiche Aufgabenformate im Unterricht (vor, während und nach dem Hören) vorgestellt. Alle Inhalte sind leicht auf den Unterricht in anderen Fremdsprachen übertragbar.

- Schillmöller, M. (2018): **R'APprends le français. Französisch lernen mit Rap und Rhythmus** (inklusive Audio-CD). 3., überarb. Aufl., Seelze: Friedrich Verlag GmbH.
  ➲ Das Buch enthält zahlreiche Methoden für die Arbeit mit Raps im Französischunterricht. Von der Verbkonjugation über das Nasaltraining bis hin zum Telefongespräch deckt es eine große Bandbreite an Inhalten ab, sodass Raps den Unterrichtsalltag auf vielfältige Weise ergänzen und bereichern können. Es bietet zudem flexible Einsatzmöglichkeiten für unterschiedliche Unterrichtsphasen, z. B. als Verbwiederholungsritual zu Unterrichtsbeginn oder als „Energizer" für zwischendurch. Auch vom Schwierigkeitsgrad her bietet das Werk Inhalte für alle Niveaus, sowohl sprachlich als auch musikalisch. Die überarbeitete Auflage enthält weitere Beispiele aus der französischen Rap-Szene und neue Beats.

https://www.

Songtexte lesen

Kurzbeschreibung

Die Schüler*innen trainieren ihr Leseverstehen anhand von Songtexten, indem sie bereits bekannte Wörter hervorheben und unbekannte – für das Globalverständnis essenzielle – Vokabeln im Wörterbuch nachschlagen. Im Austausch mit anderen Schüler*innen sichern sie das Globalverständnis.

Material

- Song in der Fremdsprache, der zu Alter, Sprachstand und Interessen der Schüler*innen passt (→ Beispiele)
- dazugehöriger Songtext
- Wörterbuch (z. B. im Smartphone)

Durchführung

- Als Vorentlastung kann der thematisch relevante Wortschatz des Songs wiederholt oder neu eingeführt werden, z. B. durch ähnliche Wörter in anderen Fremdsprachen, Wörter aus derselben Wortfamilie oder Bildimpulse.
- Der Song wird gemeinsam angehört, um die Motivation der Schüler*innen zu erhöhen. Der Fokus liegt aber auf dem nun folgenden Leseverstehen.
- Die Schüler*innen lesen den Text und markieren darin alle Wörter, die sie bereits kennen. Fünf Wörter dürfen (je nach Sprachniveau und Textschwierigkeit mehr oder weniger) nachgeschlagen werden. Dabei sollen diejenigen Wörter ausgewählt werden, die nach Ansicht der Schüler*innen essenziell für das Globalverständnis des Textes sind.
- Abschließend wird das Globalverständnis im Austausch mit den anderen verglichen und gesichert (erst in Partnerarbeit und dann im Plenum) und der Song erneut angehört.
- Als Hausaufgabe suchen die Schüler*innen einen neuen Song, der ihnen gut gefällt, um die gleiche Methode erneut zu üben.

Beispiele

Französisch (B1)	Spanisch (B1)
➲ Stromae: „Papaoutai" (2013) ➲ Louane: „Jour 1" (2016) ➲ Maître Gims: „Désolé" (2010)	➲ Manu Chao: „Desaparecido" (1998) ➲ Enrique Iglesias: „Súbeme la Radio" (2017) ➲ Jarabe de Palo: „Bonito" (2003)

Ein Song-Jahresrückblick

Kurzbeschreibung

Die Schüler*innen schreiben anhand von drei Songs einen persönlichen Jahresrückblick.

Material

ggf. Wörterbuch (z. B. im Smartphone)

Durchführung

- Die Schüler*innen überlegen, welche drei Songs ihr letztes Jahr am besten beschreiben.
- Sie erstellen eine Mindmap zu den Erlebnissen und Emotionen, die sie mit den jeweiligen Songs verbinden. Auf Basis dieser Mindmaps formulieren sie einen kurzen Jahresrückblick-Text.
- Die Songtexte können durch Sätze miteinander verbunden werden wie:
  - **Ich habe (auch) den Song … angehört.**
  - **I (also) listened to the song …**
  - **J'écoutais (aussi) la chanson …**
  - **(También) escuchaba la canción …**
- Bei der Vorstellung der Ergebnisse werden die Songs ausschnittsweise ca. 30 Sekunden lang angehört. Im Anschluss lesen die Schüler*innen ihren Jahresrückblick vor. Folgende Arbeitsaufträge bieten sich, passend dazu, an:
  - **Welche drei Songs hast du im letzten Jahr am häufigsten gehört?**
  - **Was waren für dich die wichtigsten drei Ereignisse im letzten Jahr und welche Songs verbindest du mit dieser Zeit?**
  - **Welche drei Songs passen thematisch oder von der Stimmung her am besten zu den Erlebnissen im letzten Jahr?**

Weitere Hinweise

Es steht den Schüler*innen frei, ob die Songs thematisch zu ihrem Erlebten passen, ihre Stimmung zu einem bestimmten Zeitpunkt widerspiegeln oder ob sie die Songs mit einem besonderen Ereignis verbinden. Auch die Sprache der Songs kann frei gewählt werden. Nur der Jahresrückblick wird in jedem Fall in der Fremdsprache geschrieben.
Als Variante kann auch nur ein Song ausgewählt werden, der sich auf eine kürzere Zeitspanne (z. B. die Sommerferien) bezieht.

Beispiel

Englisch (B1)
Last summer I often listened to the song „Happy" by Pharrell Williams, because I was very happy that the weather was so nice and that I could go to the swimming pool to meet my friends. But I was also unhappy, because there was little rain and the trees and the grass were very dry.
Deutsch (B2)
Letzten Winter habe ich oft den Song „Komet" von Udo Lindenberg und Apache 207 gehört, weil er mich motiviert hat. Ich war in dieser Zeit immer mal wieder traurig und hatte keine Lust, rauszugehen. Doch mit diesem Song habe ich dann wieder „aufgedreht".

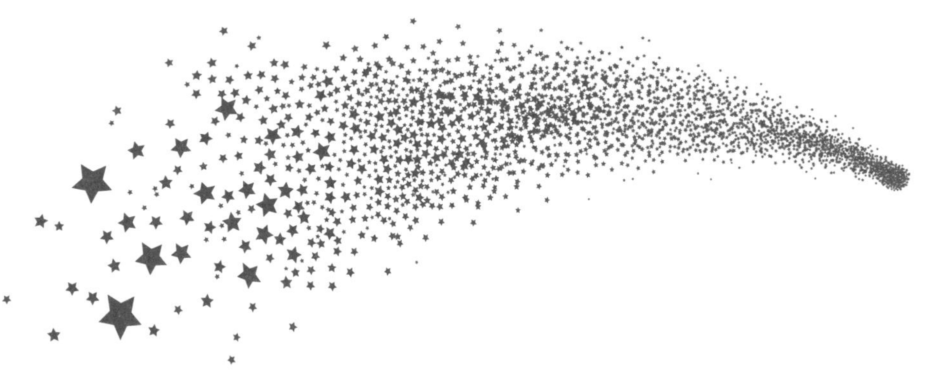

Mut zur Lücke – Songs verstehen

Kurzbeschreibung

Die Schüler*innen hören sich einen Song an und vervollständigen dazu einen passenden Lückentext.

Material

- Song in der Fremdsprache, der zu Alter, Sprachstand und Interessen der Schüler*innen passt (➔ Beispiele)
- dazugehöriger Songtext

Durchführung

- Die Lehrkraft erstellt einen Lückentext zu dem Songtext. Dies kann sie z. B. mithilfe der Sucheingabe „Lückentext erstellen" oder „Lückentextgenerator" tun. Bei den Tools kann man häufig bestimmte Kriterien voreinstellen, z. B. den Abstand der Lücken im Text festlegen oder auswählen, ob die Wortlänge erkennbar sein soll. Die Lehrkraft kann aber auch gezielt einen Lückentext erstellen, der sich daran orientiert, welche Wörter die Schüler*innen bereits verstehen.
- Im Unterricht wird der Wortschatz für das Verständnis des Songtextes zu Beginn vorentlastet bzw. reaktiviert, z. B. durch eine thematische Mindmap.

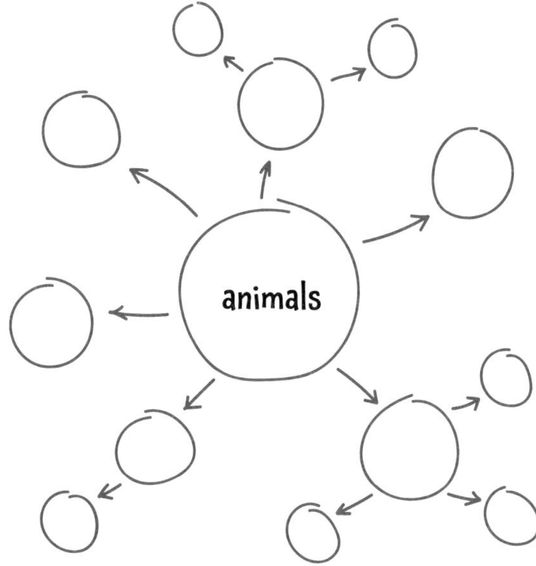

- Die Schüler*innen hören den Song zunächst ohne Lückentext an und notieren sich alle Wörter, die sie direkt verstehen. Im Anschluss werden diese Wörter an der Tafel gesammelt.
- Die Lehrkraft teilt nun den Lückentext aus. Die gesammelten Wörter werden mit dem Lückentext verglichen.
- Durch wiederholtes Abspielen des Songs werden die restlichen Lücken gefüllt.
- Danach wird der ganze Songtext besprochen und sein Verständnis gesichert.
- Abschließend wird ein Meinungsbild zum Song eingeholt: Entweder geben die Schüler*innen eine kurze Rückmeldung (z. B. durch Daumen nach oben/unten) oder es erfolgt z. B. anhand gezielter Fragen ein inhaltliches Feedback zum Song.

Weitere Hinweise

Die einzusetzenden Wörter können unsortiert auf das Lückentextblatt geschrieben oder auch gar nicht genannt werden. Als Hilfestellung ist es möglich, in den Lücken die Anfangsbuchstaben der Wörter oder die Wortlänge vorzugeben.
Als Alternative zum Lückentext lässt sich der Text in Abschnitte aufteilen, deren Reihenfolge vertauscht wird. Die Schüler*innen stellen dann die richtige Reihenfolge wieder her.

Beispiel

Englisch (A1)
Fill in: here – there – farm – everywhere – cow ——— „Old MacDonald Had a Farm"[2] Old MacDonald had a ...., e-i-e-i-o! And on his farm he had a ...., e-i-e-i-o! With a moomoo here and a moomoo there, ... a moo, ... a moo, ... a moomoo. Old MacDonald had a farm, e-i-e-i-o!

[2] Kinderlied aus England, Verfasser*in unbekannt.

Songs mitsingen

Kurzbeschreibung

Die Schüler*innen lernen einen Song kennen und singen diesen über die Originalversion hinweg mit. Neben dem Spracherwerb stärkt die Methode die positive Beziehung zu Fach und Fremdsprache.

Material

- Song in der Fremdsprache, der zu Alter, Sprachstand und Interessen der Schüler*innen passt (➔ Beispiele) oder eigene Songs der Schüler*innen
- dazugehöriger Songtext

Durchführung

- Die Schüler*innen hören den Song zunächst ohne Textvorlage an und achten auf Melodie und Rhythmus.
- Danach wird die Textvorlage ausgeteilt und der Song erneut abgespielt, wobei die Schüler*innen den Text mitlesen.
- Vor dem Singen kann die Lehrkraft eine Aufwärmübung für die Stimme anleiten, z. B. Lippen locker vibrieren lassen, Summen auf den Buchstaben M.
- Die Schüler*innen singen den Song über das Original hinweg mit, das etwas leiser abgespielt wird, damit man die Schüler*innen besser hört.

Beispiele

Französisch (A1/A2)	Spanisch (A1/A2)
➲ Alain le Lait: „Où est le chat" (2021) oder andere Titel des Interpreten	➲ Manu Chao: „Me gustas tú" (2001) ➲ Jarabe de Palo: „Depende" (1998)
Französisch (B1/B2)	**Spanisch (B1/B2)**
➲ ZAZ: „Je veux" (2010)	➲ Luis Fonsi: „Despacito" (2017) ➲ Manu Chao: „Me llaman calle" (2007)
Französisch (C1/C2)	
➲ Black M: „Sur ma route" (2014)	

Einen Song erklären

Kurzbeschreibung

Die Schüler*innen können den Inhalt eines Songs in eigenen Worten in der Muttersprache wiedergeben. Neben dem Spracherwerb stärkt die Methode die positive Beziehung der Schüler*innen zu Fach und Fremdsprache.

Material

- mehrere Songs in der Fremdsprache, die zu Alter, Sprachstand und Interessen der Schüler*innen passen
- dazugehörige Songtexte
- mehrere gebastelte Bushaltestellen-Schilder, evtl. mit einem Notenschlüssel
- ggf. Wörterbuch (z. B. im Smartphone)

Durchführung

- Die Schüler*innen hören sich im Plenum für jeweils etwa 1:30 Minuten (bis nach dem Refrain) mehrere Songs in der Fremdsprache an und können sich anschließend nach Interesse und Sprachniveau für einen davon entscheiden.
- Die Songtexte werden als Kopie ausgeteilt. Die Schüler*innen versuchen zunächst, die Struktur des Songs zu erkennen und den Refrain zu verstehen. Unbekannte Wörter können im Wörterbuch nachgeschlagen werden. Dabei sollen vor allem diejenigen Wörter ausgewählt werden, die nach Ansicht der Schüler*innen essenziell für das Globalverstehen des Textes sind.
- Die Schüler*innen fassen den Inhalt des Songs schriftlich auf Deutsch zusammen.
- Wer die Aufgabe erledigt hat, geht zu einer „Bushaltestelle" (z. B. mit Notenschlüssel gekennzeichnet) und wartet, bis der*die Nächste fertig ist und zum Treffpunkt kommt. Dort stellen sie sich gegenseitig ihre Zusammenfassungen vor. Zudem können sie erläutern, warum sie sich für den jeweiligen Song entschieden haben, ob er ihnen gefallen hat und ob es Verständnisschwierigkeiten gab. Dieser Austausch kann abschließend im Plenum nochmals aufgegriffen und thematisiert werden.

Weitere Hinweise

Die Schüler*innen können alternativ auch einen deutschen oder anderssprachigen (Lieblings-)Songtext zusammenfassen und in die Fremdsprache übertragen. Dabei erfolgt der Austausch über die Auswahl des Songs und die Schwierigkeiten bei der Sprachmittlung ebenfalls in der Fremdsprache.

Beispiele

Französisch (B1)	
Louane: „Avenir" (2015)	In dem Song geht es um eine gescheiterte Beziehung. Eine Person wurde plötzlich verlassen und hofft jetzt, dass die andere Person leidet, während sie sich Gedanken über ihre Zukunft macht. Dies zeigt sich auch im Titel des Songs, der übersetzt „Zukunft" bedeutet.
Edith Piaf: „Non, je ne regrette rien" (1960)	In dem Song erinnert sich eine Person an ihr bisheriges Leben. Sie betont, dass sie die Vergangenheit akzeptiert bzw. nichts daran bereut, denn ihr Leben fängt mit ihrer jetzigen Liebe von vorn an. Das spiegelt sich auch im Titel des Songs wider, der auf Deutsch übersetzt „Nein, ich bereue nichts" heißt.

Akzente und Dialekte in der Musik

Kurzbeschreibung

Die Schüler*innen hören Songs, in denen die Fremdsprache mit unterschiedlichen Akzenten oder Dialekten gesprochen wird. Sie recherchieren weitere Informationen zu den Ländern bzw. Regionen.

Material

3 Songs in der Fremdsprache, die zu Alter, Sprachstand und Interessen der Schüler*innen passen und in denen ein bestimmter Akzent oder Dialekt vorkommt (➔ Beispiele)

Durchführung

- Die Lehrkraft spielt die drei Songs vor.
- Die Schüler*innen hören gut zu und versuchen, Unterschiede zur Standardsprache herauszufinden. Sie überlegen, woher der Akzent oder Dialekt stammen könnte.
- Sie entscheiden sich für einen der drei Songs, den sie als Ausgangspunkt für eine Recherche verwenden. In der Lerngruppe sollten alle Songs verteilt werden.
- Die Schüler*innen recherchieren in Kleingruppen die Herkunft ihres Songs sowie die damit verbundenen Besonderheiten der Zielsprache und deren kulturelle Hintergründe.
- Die Ergebnisse sind Ausgangspunkt für ein Gespräch über die sprachliche und kulturelle Varietät innerhalb der Fremdsprache.
- Im nächsten Schritt können (auch im fächerübergreifenden Unterricht z. B. mit Deutsch oder Erdkunde) die Akzente und Dialekte der Muttersprache als analoges Phänomen betrachtet werden.

Beispiele

Französisch (B2)
➲ Les Cowboys Fringants: „Les étoiles filantes" (2004, Québec/Kanada) ➲ Amadou & Mariam: „Je pense à toi" (1999, Mali) ➲ Génération Chti: „Si tu viens Dins L'Nord" (2008, Hauts-de-France/Frankreich) ➲ IAM: „Poursuite du bonheur" (2021, Marseille/Frankreich)

Ein Wortschatz-Rap

Kurzbeschreibung

Durch das Schreiben und Performen eines Raps wird neuer Wortschatz geübt oder bestehender Wortschatz gefestigt.

Material

- aktueller Vokabelteil aus dem Lehrbuch
- Wörterbuch und Reimwörterbuch
- kostenlose Beats (z. B. auf Soundcloud, Spotify oder Youtube, Sucheingabe: „free beats")

Durchführung

- Die Lehrkraft bereitet im Vorfeld einen Rap vor. Dafür verwendet sie mindestens fünf Wörter des Wortschatzes, der in dieser Stunde gelernt werden soll. Bei der Auswahl der Wörter können thematische oder lautmalerische Kriterien sinnvoll sein. Der Text kann dabei mithilfe künstlicher Intelligenz (z. B. ChatGPT) erstellt werden. Einen passenden Beat für den Rap findet die Lehrkraft z. B. bei Soundcloud, Spotify oder Youtube durch die Sucheingabe „free beats". Für Rap-Einsteiger*innen ist ein langsamer Beat empfehlenswert.
- Als Vorbereitung öffnen die Schüler*innen den zu lernenden Vokabelteil ihres Lehrbuches und lesen die Vokabeln selbstständig.
- Die Lehrkraft trägt den vorbereiteten Rap als Modell vor oder lässt ihn von leistungsstarken Schüler*innen vortragen.

- Die Schüler*innen hören sich den Modell-Rap der Lehrkraft an und versuchen, die fünf Wörter aus dem Wortschatz herauszufinden.
- Im Anschluss durchsuchen die Schüler*innen den Vokabelteil und wählen ebenfalls mindestens fünf Wörter für ihren eigenen Rap aus.
- Die Schüler*innen erstellen nun selbst Beispiele, wobei das Lehrkraft-Modell als Vorlage dient. Für passende Reimwörter kann ein Reimwörterbuch verwendet werden.
- Die Texte werden untereinander ausgetauscht und korrigiert.
- Die Schüler*innen tragen ihre Raps vor der Lerngruppe vor. Je nach Niveau sind auch gemeinsame Performances möglich.

Weitere Hinweise

Als zusätzliche Motivation kann man für jedes (sinnvoll) verwendete Wort aus dem Wortschatz Punkte vergeben und am Ende vergleichen, wer die meisten Punkte gesammelt hat. Für die Verwendung schwieriger Wörter aus dem Wortschatz können Zusatzpunkte vereinbart werden.

Zuhörende Schüler*innen, die alle verwendeten Wörter in einem Rap erkennen, können ebenfalls Zusatzpunkte erhalten.

Beispiele

Französisch (A2) – Thema „Wetter"	Deutsch (A2) – Thema „Essen"
Quel temps fait-il? Il fait beau J'ai chaud Il pleut Je ne veux pas sortir Il fait froid Je veux dormir	Pommes mit Ketchup und Mayonnaise? Oder ein Brötchen mit Wurst und Käse? Ach, zur Not – ein Butterbrot!

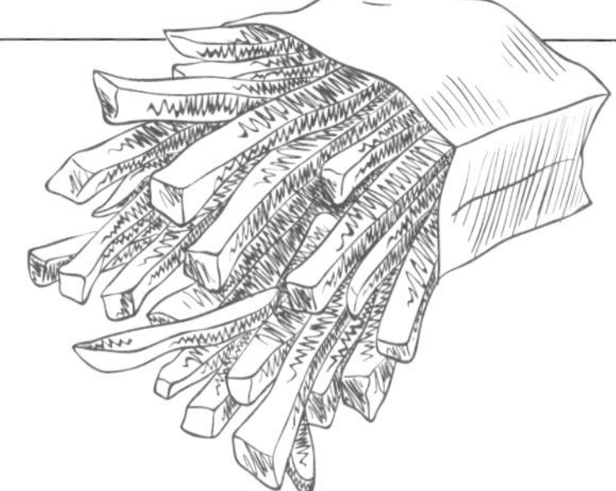

Ein Grammatik-Rap

Kurzbeschreibung

Die Schüler*innen üben oder wiederholen ein Grammatikthema aus dem Lehrbuch, indem sie die Grammatik in einen Rap einbinden und dadurch festigen.

Material

- aktuelles Grammatikthema aus dem Lehrbuch
- ggf. Wörterbuch (z. B. im Smartphone)
- kostenlose Beats (z. B. auf Soundcloud, Spotify oder Youtube, Sucheingabe: „free beats")

Durchführung

- Die Lehrkraft bereitet im Vorfeld einen eigenen Rap als Modell vor, in den sie das behandelte Grammatikphänomen an mehreren Stellen eingebaut hat. Der Text kann dabei mithilfe künstlicher Intelligenz (z. B. ChatGPT) erstellt werden. Einen passenden Beat für den Rap findet die Lehrkraft z. B. bei Soundcloud, Spotify oder Youtube durch die Sucheingabe „free beats". Für Rap-Einsteiger*innen ist ein langsamer Beat empfehlenswert.
- Als Vorbereitung öffnen die Schüler*innen den Abschnitt im Grammatikteil des Lehrbuches, der wiederholt werden soll.
- Die Lehrkraft trägt den vorbereiteten Rap als Modell vor oder lässt ihn von leistungsstarken Schüler*innen vortragen.
- Die Schüler*innen erstellen eigene Beispiele anhand des Modells. Je nach Sprachniveau kann eine Zeile, eine Strophe oder ein ganzer Song verfasst werden. Auch eine Kooperation in Gruppenarbeit ist möglich. Das Thema wird von den Schüler*innen frei gewählt, der Inhalt orientiert sich an der grammatischen Struktur.
- Die Texte werden untereinander oder innerhalb der Gruppen ausgetauscht. Mithilfe des Grammatikteils wird die Richtigkeit überprüft und der Text anschließend zurückgegeben.
- Die Schüler*innen tragen ihre Raps vor der Lerngruppe vor.

Weitere Hinweise

Als zusätzliche Motivation kann man für jedes verwendete Grammatikphänomen Punkte vergeben und am Ende vergleichen, wer die meisten Punkte gesammelt hat.

Beispiele

Englisch (A1) – Introducing myself	Französisch (A2/B1) – Futur simple
Die Schüler*innen stellen sich der Reihe nach zu einem Rapbeat vor: My name is … I live in … I'm …	Frage: Quel président comptez-vous être? mögliche Antwort als Rap: Moi, président de la République, j'engagerai de grands débats/ les transports en commun seront gratuits/ les vacances seront plus longues/ les jeunes pourront voter à 16 ans/ l'école commencera à 10 heures …

Illustration: © Flat_Enot– Shutterstock.com

Theater

Fremdsprachen lernen durch Dramapädagogik

Theaterpädagogik, Dramapädagogik und Dramagrammatik – all dies sind Begriffe, die sich unter dem Schirm der performativen Lehr- und Lernformen wiederfinden.
Die **Theaterpädagogik** zielt zumeist auf ein ästhetisches Produkt ab, nämlich das Schaffen einer „formschönen" Inszenierung, wie etwa im Schultheater oder im Darstellenden Spiel.[3] Darüber hinaus geht es darum, über eine Szenenerarbeitung zu einem tieferen Verständnis des literarischen Dramatextes zu gelangen. Da hier oftmals eine längere Erarbeitungsphase von mehreren Stunden bis Wochen nötig ist, steht die Theaterpädagogik nicht im Fokus der folgenden Methodenblätter.
Die **Dramapädagogik** dagegen nimmt den Prozess des Erarbeitens – es steht am Ende keine Aufführung – sowie den*die Lernende*n in seiner*ihrer persönlichen Entwicklung in den Blick.[4] Sprachhandlungen können in fiktiven Kontexten und im Schutz einer Rolle erprobt werden. Gleichzeitig tritt die Lehrkraft in den Hintergrund. Handlungsorientierung und Ganzheitlichkeit, also die Verknüpfung kognitiver, emotionaler und körperlicher Zugänge, sind Schlüsselbegriffe der Dramapädagogik. Hierzu nutzt sie Techniken und Übungen aus der Theaterpädagogik und bezieht Aspekte des kommunikativen Fremdsprachenunterrichts mit ein, wie das Lernen mit **chunks** (d. h. festen Wortverbindungen, die zunächst als Einheit gelernt werden, z. B. „Wie geht es dir?"). In Bezug auf den Sprachunterricht konnten neurowissenschaftliche Studien dem **embodied learning** (d. h. den Körper einbindendes Lernen) bereits positive Wirkungen auf die langfristige Merkleistung von z. B. Vokabeln nachweisen.[5] In Spiel und Darstellung verlieren die Lernenden ihre Angst, zu sprechen, erweitern ihren Wortschatz und lernen, situationsadäquat zu kommunizieren.
Der dritte Ansatz, die **Dramagrammatik**, lässt sich als Unterform der Dramapädagogik einordnen und nimmt grammatische Strukturen durch Bewusstmachung, Systematisierung und metasprachliche Reflexion in den Blick.[6] Im Fremdsprachenunterricht kann man dabei mit einem Fünfphasenmodell arbeiten (s. S. 43/44). Insbesondere im Bereich des Zweitspracherwerbs (z. B. Deutsch als Zweitsprache) ist es sinnvoll, die dramagrammatische Arbeit mit sachfachlichen Inhalten zu verknüpfen, um dem Förderbedarf der Schüler*innen

[3] Vgl. Schewe, M. (1993): Fremdsprache inszenieren: zur Fundierung einer dramapädagogischen Lehr- und Lernpraxis. Oldenburg, S. 5.
[4] Ebd.
[5] Vgl. Xanthos, S. (2013): Der Biologie des Lernens auf der Spur. Fremdsprachenunterricht auf neurodidaktischer Grundlage. *Fremdsprache Deutsch. Zeitschrift für die Praxis des Deutschunterrichts.* Heft 48/2013. Ismaning. 19–24.
[6] Vgl. Even, S. (2003): Drama Grammatik. Dramapädagogische Ansätze für den Grammatikunterricht Deutsch als Fremdsprache. München: Iudicium, S.18 ff.

zu begegnen. Dramagrammatische Bausteine eignen sich jedoch auch ohne Phasenmodell für den Einsatz im Schulalltag.
Die in diesem Band vorgestellten Methodenblätter bedienen sich allgemein dramapädagogischer sowie speziell dramagrammatischer Ansätze.

Weitere Unterrichtsideen zum Theater

- Bryant, D.; Zepter, A. L. (2022): **Performative Zugänge zu Deutsch als Zweitsprache (DaZ). Ein Lehr- und Praxisbuch.** Tübingen: Narr Francke Attempto.
  ➲ Dieses Lehr- und Praxisbuch bietet aus kognitionspsychologischer und spracherwerbstheoretischer Perspektive viele Unterrichtsideen und unterschiedliche performative Zugänge zu Deutsch als Zweitsprache.
- Holl, E. (2011): **Sprach-Fluss. Theaterübungen für Sprachunterricht und interkulturelles Lernen.** München: Hueber Verlag.
  ➲ Die unterschiedlichen Spiele für den DaF-Unterricht lassen sich ohne Weiteres auf andere Fremdsprachen übertragen. Für Bereiche wie „Sich präsentieren", „Sich mit allen Sinnen einfühlen" und „Vokabeln lernen" werden bewegungsreiche Übungen vorgestellt, die zudem auf der beigelegten DVD angesehen werden können.
- Maley, A.; Duff, A. (2005): **Drama Techniques. A Resource Book of Communication Activities for Language Teachers.** 3. Aufl., Cambridge: Cambridge University Press.
  ➲ Dieser mehrfach neu aufgelegte Klassiker bietet eine umfassende Sammlung von Dramatechniken, die von Aufwärmübungen über Übungen mit Fokus auf Stimme, Pantomime, Bildimpulse bis hin zum Arbeiten mit Wörtern, Sätzen und Texten reichen.
- Plath, M. (2014): **Als ich einmal sehr glücklich war … – Schreibwerkstatt: Vom biografischen Text zum Theaterstück.** Weinheim/Basel: Beltz Verlag.
- Plath, M. (2009): **Biografisches Theater in der Schule.** Weinheim/Basel: Beltz Verlag.

Eine fortlaufend aktualisierte Literaturliste mit deutsch- und englischsprachiger Literatur zur Dramapädagogik findet sich online unter: **https://dramapaedagogik.de/de/bucher/** (letzter Zugriff: 18.11.2023).

Szenendetektivinnen und -detektive

Kurzbeschreibung

Durch sowohl globales als auch detailliertes Lesen einer Szene aus einem Theaterstück lernen die Schüler*innen, dass nicht nur explizite Informationen für das Verständnis einer im Dramatext beschriebenen Situation wichtig sind, sondern auch mit schlussfolgerndem Denken und Zwischen-den-Zeilen-Lesen gearbeitet werden muss.

Material

- Szene aus einem Theaterstück in der Fremdsprache, das zu Alter, Sprachstand und Interessen der Schüler*innen passt (besonders geeignet: Szenen, die Figuren einführen [z. B. am Anfang eines Stücks], in denen sich Personen durch charakteristische Sprechweise auszeichnen [z. B. Arbeiterklasse, Oberklasse, Jugendsprache, Berufsjargon] oder in denen deutlich die Emotionen der Figuren wahrzunehmen sind)
- Szenen-Steckbrief mit W-Fragen (→ Beispiel)
- ggf. Vokabelhilfe oder Wörterbuch (z. B. im Smartphone)

Durchführung

- Die Schüler*innen lesen die Szene still für sich. Sie bearbeiten dann den Szenen-Steckbrief in Kleingruppenarbeit.

  ➲ **Wer ist in der Szene? Wer wird ggf. noch erwähnt?**

  ➲ **Wo sind die Personen? In welcher (historischen) Zeit befinden wir uns?**

  Die Schüler*innen suchen nach konkreten Informationen im Dramatext und den Regieanweisungen oder schlussfolgern aus dem Handeln der Figuren oder der Stimmung der Szene.

  ➲ **Wie sind die Personen? Wie alt sind sie? Was ist ihr sozialer Status? Was ist ggf. ihr Beruf? Was für Eigenschaften haben sie?**

  Die Schüler*innen suchen nach konkreten Informationen im Text, überlegen, wie ältere/jüngere Personen oder Menschen aus bestimmten sozialen Schichten oder mit bestimmten Berufen sprechen.

  ➲ **Was ist das Thema der Szene?**

  Die Schüler*innen drücken das Thema der Szene in einem Satz aus (Globalverstehen).

  ➲ **Wie ist die Stimmung in der Szene bzw. der handelnden Personen?**

  Die Schüler*innen schlussfolgern dies aus dem Inhalt, der Sprache (z. B. abgebrochene Sätze), den paraverbalen Zeichen (z. B. Ausrufezeichen).

- Die Schüler*innen erstellen in ihrer Kleingruppe ein Poster mit Informationen über die Szene. Die Gruppen vergleichen ihre Ergebnisse. Falls Videos von Aufführungen des Stücks vorhanden sind, kann ein anschließendes Anschauen verschiedener Versionen interessant sein, da die Schüler*innen hier sehen, wie verschiedene Regisseurinnen und Regisseure das Skript interpretieren.

Beispiel[7]

Englisch (B1)	
In the morning. Weak lighting in the „control center". ANNA sleeps in her bed at one side of the stage. CODY behind a control panel: Well. Nice and quiet. But that is not going to last … Alarm rings. ANNA jerks. FOCUS comes running through the control center: Alarm! Wake up! Wake up! WELLA (comes in, yawns): Noo ... Way too early … ANNA shuts off the ringing alarm, turns over in bed. FOCUS comes running back: School, school, school, school … YUMMY comes in: Breakfast. Pancakes. With a lot of maple syrup. Or waffles. FOCUS comes running through: School, school, school, school … (stops short). What? We are late already, no time for breakfast! YUMMY: Okay, then just a coke. Sugar. We need energy. DIVA comes in: Oh NO – what are we supposed to WEAR??? YUMMY: Oh no, not you again …	Who? ANNA, CODY, FOCUS, WELLA, YUMMY, DIVA Where? „Control center" → Anna's brain; also: Anna's bedroom. What kind of people are they? ANNA: is asleep CODY: seems to keep watch FOCUS: very hectic (running), thinks of school WELLA: seems very tired YUMMY: thinks of food, annoyed by DIVA DIVA: concerned about clothes, dramatic and loud What? A girl wakes up in the morning, her thoughts are still confused. Which mood? confusion and conflict between sleepy and nervous characters

[7] Text: Stefanie Giebert

Eine Lebensgeschichte in fünf Etappen

Kurzbeschreibung

Über das Betrachten von Fotos mit Personen in unterschiedlichen Situationen werden die Lebensgeschichten der Figuren imaginiert. Als Strukturhilfe dienen Fragen zu den Fotos und ein rollenbiografischer Steckbrief, in den die wichtigsten Lebensdaten der Figuren eingetragen werden. Die Etappen der fiktiven Lebensgeschichte werden in fünf Standbildern dargestellt. Die Zuschauer*innen erhalten Aufgaben für das Betrachten der Szenen, z. B. einen Titel und eine Begründung für die Standbilder finden, der Figur im Standbild Fragen stellen, ihre Gedanken formulieren oder als Regisseur*in handeln.

Material

- Fotos verschiedener Personen in unterschiedlichen Lebenssituationen, am besten bei der Ausübung einer Tätigkeit
- rollenbiografischer Steckbrief (→ Beispiel)
- DIN-A3-Blätter und Filzstifte
- Wörterbuch (z. B. im Smartphone)

Durchführung

- Als Vorübung erstellen die Schüler*innen Standbilder zu einem Themenfeld, z. B. „Veränderung“: Personen beim Umzug, eine Klimawandel-Szene, Jahreszeiten usw. (s. Theater/Sprechen, S. 36).
- Auf dem Boden oder den Tischen werden Fotos von Menschen in unterschiedlichen Situationen ausgelegt. Die Schüler*innen gehen durch die Galerie und wählen ein Foto aus, das sie besonders anspricht. Sie beschäftigen sich zuerst in Einzelarbeit mit diesen Fragen:
  - ➲ Was sehe ich auf dem Foto?
  - ➲ Wer ist der Mensch auf dem Foto?
  - ➲ Was tut er?
  - ➲ Welches Ereignis könnte sein Leben verändern?
- Danach füllen sie den rollenbiografischen Steckbrief für ihre Person aus (→ Beispiel).
- Alle Schüler*innen mit dem gleichen Fotomotiv gehen zusammen und tauschen ihre Ideen zur Lebensgeschichte ihrer Figur aus.

- Die Gruppe einigt sich auf **eine** Lebensgeschichte und schreibt diese gut leserlich auf ein DIN-A3-Blatt. Das Wörterbuch kann hier unterstützen. Das Schreiben der Lebensgeschichte dient in diesem Setting als Spielimpuls. Möchte man den Schwerpunkt auf die Förderung der Schreibkompetenz legen, kann eine Überarbeitungsphase der Texte im Hinblick auf den Aufbau des Textes, des Spannungsaufbaus angeregt werden.
- Die aufgeschriebene Lebensgeschichte wird im Raum ausgelegt und beim Gang durch die Galerie von allen Schüler*innen in Einzelarbeit gelesen.
- Die Schüler*innen versammeln sich bei einer Geschichte, die sie besonders anspricht. Sie begründen kurz, warum sie diese Geschichte ausgewählt haben.
- In den bisherigen Gruppen wird die Lebensgeschichte im Anschluss in fünf Standbildern inszeniert und vor der Lerngruppe vorgeführt.
- Die zuschauenden Schüler*innen bekommen diese Aufgaben:
  ➲ für die 1. Gruppe: Die Schüler*innen geben den Standbildern einen Titel und begründen ihre Wahl.
  ➲ für die 2. Gruppe: Einzelne Schüler*innen stellen Fragen an die Figur, indem sie zu ihr gehen und sie antippen.
  ➲ für die 3. Gruppe: Einzelne Schüler*innen stellen sich hinter die Figur und sprechen ihre Gedanken aus.
  ➲ für die 4. Gruppe: Die Schüler*innen dynamisieren das Standbild, indem sie weitere Regieanweisungen geben.

Beispiel

DaF/DaZ (A2) – Rollenbiografischer Steckbrief
Name? Alter? Woher kommt die Person? Eltern, Geschwister, Wohnort? In welcher Lebenssituation befindet sich die Person im Moment? Welches Grundgefühl bestimmt ihr Leben? Wer sind ihre Freundinnen und Freunde? Was machen sie zusammen? Gibt es jemanden, den sie nicht mag? Warum? Welche Hobbys hat die Person? Was ist ihr Lieblingsessen? Was ist ihre Lieblingsfarbe? Welches Ereignis verändert ihr Leben?

Gehörtes verkörpern

Kurzbeschreibung

Die Schüler*innen hören Anweisungen oder eine Geschichte in der Fremdsprache, die sie mit dem Körper nachstellen oder illustrieren.

Material

- Aktivität 1: Vorlesegeschichte/Märchen in der Fremdsprache, die/das zu Alter, Sprachstand und Interessen der Schüler*innen passt
- Aktivität 2: Fotos/Bilder mit mehreren Personen, wenn möglich in Aktion
- Aktivität 3: keines

Durchführung

- **Aktivität 1 – Geschichte illustrieren:**
  Den Schüler*innen wird – einzeln oder in Gruppen – je ein Signalwort zugeteilt. Die Lehrkraft erzählt eine Geschichte. Kommt das Signalwort in der Geschichte vor, stehen die Schüler*innen auf und führen eine passende Handlung aus bzw. machen ein passendes Geräusch (➔ Beispiele). Danach setzen sie sich wieder hin und die Lehrkraft liest weiter.
- **Aktivität 2 – Bild nachstellen:**
  Die Schüler*innen arbeiten in Kleingruppen. Ein*e Schüler*in erhält ein Bild. Er*sie weist die Mitschüler*innen in der Fremdsprache an, wie sie stehen oder was sie darstellen sollen, um das Bild genau nachzubauen. Das Bild kann mit oder ohne Bewegung dargestellt werden.
- **Aktivität 3 – Sagte er/sagte sie (ab Niveau B1):**
  Die Schüler*innen arbeiten als Paare zusammen.
  ➲ Schüler*in 1 sagt einen Satz in direkter Rede.
  ➲ Schüler*in 2 schließt an diese an mit „... **sagte er**"/„**he said**" (usw.) bzw. „... **sagte sie**"/„**she said**" und ergänzt, welche Handlung Schüler*in 1 im Anschluss ausführen soll.
  ➲ Schüler*in 1 setzt das um.
  ➲ Nun ist Schüler*in 2 an der Reihe und sagt einen neuen Satz in direkter Rede, woraufhin Schüler*in 1 mit „... **sagte er**"/„**he said**" (usw.) bzw. „... **sagte sie**"/„**she said**" anschließt (➔ Beispiele).

Die Schüler*innen sollten umsetzbare Aktionen beschreiben. Falls die nötige Zeitform der Vergangenheit (Präteritum/Perfekt, simple past usw.) noch nicht eingeführt wurde, kann die Erzählung auch im Präsens stattfinden (d. h. „sagt er/sie" bzw. „he/she says").

➲ Differenzierung: Falls die Schüler*innen mit dem Wechsel zwischen Erzählung und Aktion überfordert sind, können sie auch in 3er-Gruppen spielen. Es gibt dann Spieler*in 1 und 2 (direkte Rede) und eine*n Erzähler*in (gibt die Aktionen vor, die 1 und 2 ausführen).

Beispiele

Englisch (A2) – Aktivität 1
Once upon a time, there was a little house … (Schüler*in 1 mit Signalwort „house" faltet Hände über dem Kopf) … in a forest. (Schüler*innen 2–4 mit Signalwort „forest" stellen Bäume dar). A little tailor … (Schüler*in 5 mit Signalwort „tailor" näht) … lived in this house (Schüler*in 1).
DaF/DaZ (B1) – Aktivität 3
Schüler: Ich muss hier raus. Schülerin: Sagte er und öffnete die Autotür. (Schüler reagiert) Schülerin: Wo willst du denn hin? Schüler: Sagte sie und hielt ihn am Ärmel fest. (Schülerin reagiert) Schüler: Ich habe alles geplant.

Klatsch und Satz

Kurzbeschreibung

Die Schüler*innen üben vorgegebene oder freie Sätze in einem Klatschkreis in Kombination mit verschiedenen Emotionen und Sprechweisen ein. Die Sätze werden so kombiniert, dass kleine Dialoge entstehen. Die Übung sensibilisiert für ein adressatengerechtes und sinngebendes Sprechen. Sie fördert das Bewusstsein für Körperspannung und szenische Gestaltung.

Material

Moderationskarten

Durchführung

- Klatschkreis am Platz:

  ➲ Die Schüler*innen stehen von ihrem Platz auf und drehen sich so, dass sie die anderen im Raum wahrnehmen können. Die Lehrkraft beginnt die Übung, indem sie in die Hände klatscht und ihren Arm in Richtung des Schülers bzw. der Schülerin ausstreckt, den*die sie ansprechen möchte. Sie nimmt Blickkontakt auf, sagt der Person ihren Vornamen (z. B. Andrea) und hält diese Pose mit Spannung bis in die Hand für den Rest der Übung. Die angesprochene Person gibt in derselben Weise ihren Vornamen an die nächsten Schüler*innen weiter und hält die Pose mit Blickkontakt und ausgestrecktem Arm usw. Zum Schluss kommt der letzte Name bei der Lehrkraft an, die den Klatschkreis beendet, indem sie klatscht und ihren Arm nach oben streckt.

  ➲ Diese Übung wird nun mit einem vorgegebenen Satz in derselben Weise fortgesetzt. Der*die Schüler*in spricht eine*n andere*n mit einer Begrüßung und dem Vornamen an und sagt den eigenen in einem Satz, z. B. „**Guten Tag, Andrea. Ich bin/heiße Nicole.**“ bzw. „**Bonjour, Andrea, moi, je m'appelle Nicole**“ usw. Wenn die Aussagen gut eingeübt sind, wird die passende Frage eingeführt: „**Guten Tag. Ich bin/heiße Nicole und wer bist du?**“ bzw. „**Bonjour, moi, je m'appelle Nicole et toi?**“. Die Antwort lautet dann: „**Guten Tag, ich heiße Andrea**“ bzw. „**Bonjour, je suis/je m'appelle Andrea**“. Die Person, die geantwortet hat, wendet sich mit Klatsch an die nächste. Der Dialog beginnt von vorn, bis alle dran waren (A1–A2 je nach Schwierigkeitsgrad der Satzstruktur). Die Übung kann in einer zweiten Runde mit Emotionen wie „freudig“, „traurig“, „wütend“ oder mit verschiedenen Sprechweisen (laut, leise, flüsternd) kombiniert werden.

➲ Besitzt die Gruppe ein B1-Niveau, kann die Übung im nächsten Schritt auch erweitert werden, indem ein Thema und ein Satzmuster auf Moderationskarten oder an der Tafel vorgegeben werden. Beim Thema „Veränderung" wird das Satzmuster z. B. durch die Fragen **„Wohin gehe ich? Wie verändere ich mich? Warum?"** vorgegeben. Der Inhalt muss sich auf die Fragen beziehen. Der Wortschatz für das Thema kann an der Tafel vorentlastet werden, etwa über eine Zettellawine (Jede*r notiert auf Moderationskarten Begriffe, die ihm*ihr zum Thema einfallen, und benutzt pro Begriff eine Karte.) oder die Sammlung von Assoziationen.

➲ Als Antworten ergeben sich z. B.: **„Ich bin Yasmin und gehe nach Europa, weil ich dort in Frieden leben kann"** oder: **„Ich bin Minh und verlasse meine Frau, weil sie mich betrügt".**

➲ Die Sätze werden im Anschluss nach Themen sortiert und schriftlich gesammelt. Sie können auch als Materialbörse für eine anschließende Schreibübung dienen.

- Standbilder zum Sprechen bringen:

➲ Die aus der Klatschkreis-Übung resultierenden Themengebiete werden in Gruppenarbeit in Standbilder umgesetzt, z. B. „Umzug", „Migration", „Klimawandel" usw.

➲ Die Standbilder werden vor der Lerngruppe präsentiert. Die jeweils nicht darstellenden Schüler*innen beschreiben, was sie sehen, oder interviewen einzelne Figuren des Standbilds.

➲ Jede Person aus dem Standbild erzählt aus ihrer Position und Perspektive heraus ihre Geschichte.

➲ Am Schluss entsteht eine sprechende Standbildszene, indem ein*e Kommentator*in die Geschichten der einzelnen Figuren aus der Außenperspektive miteinander verbindet.

Sprachmittlung im Rollenspiel

Kurzbeschreibung

Die Schüler*innen erhalten einen kurzen Text mit Informationen auf Deutsch, außerdem Angaben dazu, wem sie diese Informationen vermitteln sollen. In einem Rollenspiel vermitteln sie ihren Mitspielenden die Information verbal und nonverbal sowie kulturell angemessen. Dies bedeutet, dass auch kulturelle Kommunikationsstile, Höflichkeitsregeln, die Bedeutung von Gesten usw. vorher thematisiert werden können.

Material

- kurzer Informationstext auf Deutsch mit passender Adressatenkarte und Empfängerkarte (➔ Beispiele)
- ggf. Material zu kulturellen Besonderheiten, etwa Vorstellungen von Höflichkeit, Pünktlichkeit, Geschlechterrollen etc.
- ggf. Redemittel zu Rückfragen und Selbstkorrektur, die die Schüler*innen während des Rollenspiels vor Augen haben (z. B. Aushang oder Projektion)

Durchführung

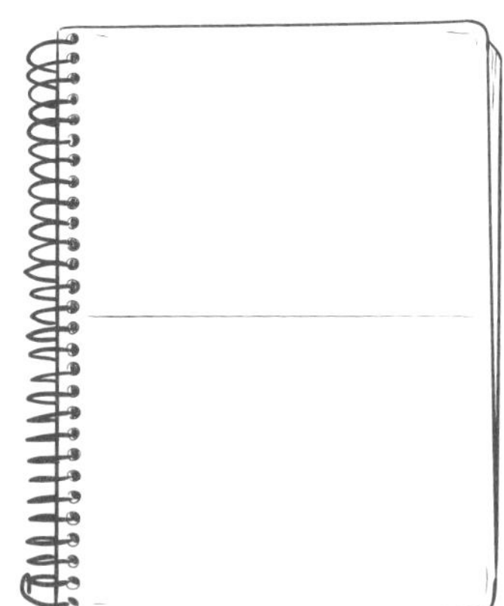

- Die Hälfte der Schüler*innen erhält einen Informationstext auf Deutsch und eine Adressatenkarte. Sie überlegen sich in Kleingruppen, wie sie die Information inhaltlich korrekt und kulturell angemessen, d. h. auf Alter und Status der Person abgestimmt (Adressatenkarte), verbal und nonverbal ausdrücken. Sie erstellen für ihr Rollenspiel einen Zettel mit Stichworten, Satzanfängen, **chunks** usw.
- Die andere Hälfte der Schüler*innen erhält als Adressat*innen eine Empfängerkarte der Botschaft und überlegt, wie eine Person, die die Informationen nicht versteht, beim Zuhören Zustimmung, Nichtverstehen oder den Wunsch nach genauerer Erklärung verbal und nonverbal ausdrücken kann.
- Die Situationen werden in Paaren oder Kleingruppen (Sprachmittler*in und Adressat*in) als improvisiertes Rollenspiel durchgespielt.
- Im Anschluss reflektieren die Schüler*innen das Rollenspiel: **Was lief gut? Was blieb unklar? Wo gab es Missverständnisse? Warum?**

Beispiele

Englisch (B1)	
Adressatenkarte: Your parents want to invite a British exchange student for dinner and give you a note for her/him. Hints: You are not sure if your fellow student will be okay with the food. Maybe he/she is vegetarian? Maybe he/she has religious reasons? Make sure to ask. Also don't forget that British people are usually very polite.	Informationstext: Essen um 20 Uhr. Unbedingt pünktlich da sein, sonst wird das Essen kalt! Es gibt Schweinswürstchen und Kartoffelsalat. Empfängerkarte: You are a female British exchange student from a Muslim family. You do not eat pork. But you have been taught to be very respectful to your friends' parents and other adults.

Filmplakate auf kulturelle Unterschiede hin analysieren

Kurzbeschreibung

Filmtitel und Filmplakate erscheinen in der jeweiligen Landessprache oft unterschiedlich. Über die Analyse länderspezifischer Filmtitel und Filmplakate zu einem aktuellen Film diskutieren und reflektieren die Schüler*innen die interkulturell bedingten Hintergründe der jeweiligen Erscheinungsform. Der Zugang erfolgt über dramatische Standbilder zu den Titeln.

Material

- je 2 Filmplakate (aus Deutschland und dem Zielland der Fremdsprache) zu zwei verschiedenen Filmen
- ggf. Redemittel zur Bildbeschreibung

Durchführung

- Die Schüler*innen werden in vier Gruppen eingeteilt. Jede Gruppe erhält ein Filmplakat, wobei jeweils zwei Gruppen denselben Film (in unterschiedlichen Sprachen) behandeln, ohne dies zu wissen.
- Die Standbilder werden nacheinander präsentiert. Die Zuschauer*innen beschreiben die jeweiligen Standbilder und geben jedem Standbild einen Titel.
- Im Anschluss werden die Unterschiede und Gemeinsamkeiten der Darstellungen diskutiert und reflektiert, indem die Publikumstitel mit den Originaltiteln verglichen werden.
- Anschließend erhalten die Gruppen die jeweiligen Plakate und beschreiben diese. Sie vergleichen ihre Standbilddarstellung mit dem Filmplakat.
- Die Ergebnisse der Plakatanalyse werden im Plenum vorgestellt und reflektiert.
  - ➔ Wie kommt es zu den unterschiedlichen Filmtiteln?
  - ➔ Warum wurden unterschiedliche Filmausschnitte als Plakat gewählt?

Beispiel

Französisch (ab B1)	
französische Tragikomödie „Intouchables" (Frankreich 2011, Regie: Olivier Nakache, Éric Toledano)	
Gruppe 1: **Standbild: „Die Unberührbaren"**	Gruppe 2: **Standbild: „Intouchables"**

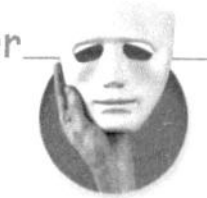

Auflockernde Wortschatzspiele

Kurzbeschreibung

Die auflockernden Wortschatzspiele finden im Steh- oder Sitzkreis statt. Über die Spiele kann Wortschatz eingeführt oder gefestigt werden. Durch die bewegte und emotional aufgeladene Wiederholung der Begriffe im Kreis können diese im Gehirn langfristig gespeichert werden.[8]

Material

- für „Pantomimisches Auspacken": Korb
- für „Plus-Eins": Wortkarten mit Gegenständen und Gefühlen (ggf. mit Bildern)
- für „Gefühlsbonbons": Wortkarten mit Geschmacksrichtungen und Gefühlen, Schachtel für imaginierte Bonbons
- für „Gefühlskreis": Satzkarten, Gefühlskarten, Schachtel

Durchführung

- Pantomimisches Auspacken:
  - ➲ Ein Gegenstand wird pantomimisch von Schüler*in 1 aus einem Korb geholt, Schüler*in 2 nimmt ihn an und reagiert darauf:
    - → **Oh, eine Brille! Danke!** (Niveau A1)
    - → **Danke, Kim! Einen Kamm habe ich mir (schon immer) gewünscht!** (Niveau B1)
    - → **Es ist etwas Gelbes, etwas Weiches, etwas Gestreiftes. Ah, danke, dass du mir eine Warnweste geschenkt hast.** (Niveau C1)
  - ➲ Schüler*in 2 entnimmt anschließend dem Korb ebenfalls einen Gegenstand und gibt ihn an Schüler*in 3 usw.
  - ➲ Amüsant ist auch, wenn Schüler*in 1 der*die Paketzusteller*in ist, der*die vorab den Gegenstand verpackt und die Lieferung an der Tür und das Entpacken nachgestellt werden.
- Plus-Eins:

  Ein von einer Wortkarte gewählter Gegenstand (**Banane**) oder ein Gefühl (**wütend**) wird von Schüler*in 1 erst neutral gesprochen und dann dargestellt. Im Anschluss fügen Schüler*in 2 und Schüler*in 3 mit passendem Gefühlsausdruck Details hinzu oder steigern das Gefühl (→ Beispiele).

[8] Vgl. Sambanis, M. (2011): Weniger stillsitzen, mehr lernen? – Effekte bewegungsbasierter Wortschatzarbeit auf der Primar- und Sekundarstufe. In: Schäfer, P.; Schowalter, Chr. (Hg.): In mediam linguam. Mediensprache – Redewendungen – Sprachvermittlung. Festschrift für Heinz-Helmut Lüger. Landau, S. 365–376.

Beispiele

DaF/DaZ (A1)	DaF/DaZ (B1)
Wortkarte: Abbildung einer Banane Schüler*in 1: **Es ist gelb.** Schüler*in 2: **Es ist gelb und braun.** Schüler*in 3: **Es ist gelb und braun und weich.**	Wortkarte: Wort „wütend" Schüler*in 1: **Ich bin ein wütender Mensch.** Schüler*in 2: **Ich bin ein sehr wütender Mensch.** Schüler*in 3: **Ich bin ein extrem wütender Mensch.**

- Gefühlsbonbons:

  ➲ Im Kreis liegen vorab vorbereitete Wortkarten mit Geschmacksbezeichnungen (**sauer**, **scharf** usw.) und Gefühlen (**traurig**, **heiter** usw.) aus. Im Kreis geht eine Schachtel mit imaginierten Bonbons herum. Sie wird entweder von Schüler*in zu Schüler*in weitergegeben oder von der Lehrkraft erst Schüler*in 1, dann Schüler*in 2, dann Schüler*in 3 usw. angeboten.

  ➲ Als Einstieg gibt die Lehrkraft einen Geschmack des Bonbons oder ein Gefühl, das der Bonbon auslöst, vor. Alle Schüler*innen zeigen beim gleichzeitigen Lutschen den entsprechenden Geschmack oder das entsprechende Gefühl.

  ➲ Im Anschluss beschreibt jede*r Schüler*in selbst den Geschmack oder das Gefühl, das während des Lutschens eines neuen Bonbons ausgelöst wird, und zeigt dies mit Mimik und Gestik. Das Gefühl wird vom Plenum erraten, z. B. **Dein Gefühl ist traurig.**
- Gefühlskreis:

  Die Schüler*innen ziehen jeweils eine Satzkarte (z. B. **Morgen muss ich zum Zahnarzt.**) aus einer Schachtel und wählen sich ein Gefühl der am Boden liegenden Gefühlskarten (aus der vorherigen Übung) aus, die sie aber nicht aufnehmen. Es kann entweder zum Satz passen oder abweichend sein. Der Satz soll nun mit der entsprechenden Emotion, Intonation und Körperhaltung gesprochen werden. Die dargestellte Emotion wird von den zuschauenden Schüler*innen erraten.

Das dramagrammatische Fünfphasenmodell

Kurzbeschreibung

Durch das dramagrammatische Fünfphasenmodell (Bryant 2012) für Grundschulkinder kann eine grammatische Struktur sowohl eingeführt als auch vertieft werden. Eine Vielzahl dramapädagogischer Techniken ist hier einsetzbar. Die Besonderheit des Modells liegt in der Kombination impliziter und expliziter Spracharbeit.

- Phase 1: Fokus auf die Grammatik durch hochfrequente Nutzung der Zielstruktur
- Phase 2: dramatischer Auftrag an die Schüler*innen
- Phase 3: gemeinsame grammatische Verortung
- Phase 4: dramatische Arbeit mit der Struktur
- Phase 5: Präsentation und Reflexion[9]

Material

- ggf. DIN-A3-Plakate und Filzstifte
- Lückentexte/Hilfskarten, die die grammatische Struktur in Beispielen enthalten

Durchführung

- **Phase 1/Aufwärmen:** Die Schüler*innen spielen auflockernde Kreis-, Rotations-, Assoziations- oder Bewegungsspiele, wobei die Zielstruktur in hohem Maße auftaucht. Z. B. gehen sie, den Raum wahrnehmend, kreuz und quer durch einen abgegrenzten Bereich. Die Lehrkraft beschreibt den Boden, die Umgebung, die Gangart der Schüler*innen oder die Figuren, die die Schüler*innen darstellen sollen. Hierbei nutzt sie in möglichst jedem Satz die grammatische Zielstruktur.
- **Phase 2/Motivation:** Es wird eine dramatische, motivierende Aufgabe gestellt, die im thematischen Zusammenhang zum Aufwärmspiel aus Phase 1 steht.
- **Phase 3/Strukturvermittlung:** Die Schüler*innen werden befragt, ob und welche grammatische Struktur ihnen besonders aufgefallen ist. Gemeinsam wird die Regel herausgearbeitet, indem anhand eines vorab vorbereitenden Materials Aufbau und Gebrauch der Struktur besprochen werden. Dazu bearbeiten die Schüler*innen in Partner- oder Gruppenarbeit begleitet ein von der Lehrkraft vorbereitetes Plakat, das anschließend zusammen besprochen wird.

[9] Vgl. Bryant, D. (2012): DaZ und Theater: Der dramapädagogische Ansatz zur Förderung der Bildungssprache. Scenario – Zeitschrift für Drama- und Theaterpädagogik in der Fremd- und Zweitsprachenvermittlung 2012/1, S. 40.

- **Phase 4/Strukturanwendung:** Die Schüler*innen verfassen mithilfe der Erkenntnisse einen freien Rollentext (Partner- oder Gruppenarbeit) oder füllen einen Lückentext aus (Einzelarbeit), der die Zielstruktur beinhaltet und sich als Rollentext eignet. Wenn ein Plakat vorhanden ist, hilft dies den Schüler*innen, die Zielstruktur korrekt zu verwenden. Der Rollentext wird mit Betonung geübt (z. B. als Partnersprechen).
- **Phase 5/Präsentation:** Die vorbereiteten Mini-Szenen werden aufgeführt. Ein wertschätzender Applaus nach der Präsentation ist Pflicht. Die Zuschauenden können vorab Beobachtungsaufträge erhalten. Es folgt eine Reflexion.

Beispiel

DaF/DaZ (A2) – Präpositionen des Ortes
Phase 1: Aufwärmen Bewegung im Raum: Ihr seid in Rio, in Brasilien. Toller Strand. Aber ihr kommt aus Reykjavík. Für euch ist es heiß. Ihr trinkt. – Oh! Die Zugspitze. Schnee! Ihr seid in Deutschland – in den Alpen – so viele Berge! So hoch! Aber ihr kommt gerade aus Ägypten. Hier in den Bergen ist es doch sehr kalt. Ihr wollt auch mal nach Malaga. Da soll das Wetter schön sein.
Phase 2: Motivation Die Schüler*innen erhalten einen dramatischen Auftrag, den sie in Phase 4 ausführen: In einer Diskussionsrunde soll eine Gruppenfahrt geplant und über das Reiseziel abgestimmt werden. Dazu soll gesagt werden, woher man kommt und wohin man reisen möchte (Präpositionen: in, nach, aus). Die Lernenden agieren als sie selbst oder als eine andere Person.
Phase 3: Strukturvermittlung Gemeinsam werden die Präpositionen gesammelt, die den Schüler*innen aufgefallen sind. Sie artikulieren ihre Ideen zur Funktion jeder Präposition. Ein großes, vorab vorbereitetes Plakat mit Lückentext wird nun in der Gruppe ausgefüllt. Die Lehrkraft kann begleitend zur Seite stehen (Beispielsätze: Ich bin ___(in) Rio, das ist ____(in) Brasilien. | Ich komme___(aus) Reykjavík. | Ich möchte ___(nach) Malaga fahren. Das Plakat wird prominent ausgehängt.
Phase 4: Strukturanwendung Die Schüler*innen verfassen anhand der Erkenntnisse Beiträge für die in Phase 2 angekündigte Diskussionsrunde zum Reiseziel der Gruppenfahrt (z. B. Ich komme aus … Ich möchte nach … In … ist es …) und üben, diese vorzutragen. Ggf. wird ein erdachter Name, Beruf und kreativer Abschlusssatz hinzugefügt (… ist super!), um die anderen vom eigenen Vorschlag zu überzeugen.
Phase 5: Präsentation Die Schüler*innen notieren die aus der Präsentation gewonnenen Reisevorschläge der anderen und bringen sich damit in die Diskussion ein. Anschließend wird über das Reiseziel abgestimmt. In der nächsten Sitzung kann die Reise nachgespielt werden. Stundenablauf und ggf. Zielstruktur werden kurz reflektiert.

Bildende Kunst

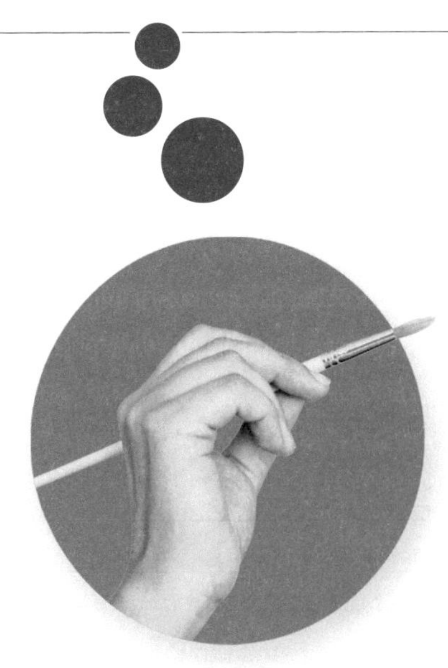

Fremdsprachen lehren und lernen mit Bildender Kunst

Bilder dominieren unseren Alltag. Sie begegnen uns auf Smartphones und Tablets, im Fernsehen oder in den Printmedien. Die schiere Menge der im Alltag auftauchenden Bilder spiegelt sich jedoch nicht entsprechend im schulischen Fremdsprachenunterricht wider, denn dort spielen sie häufig eine untergeordnete, oft nur dienende Rolle: Bilder werden z. B. für motivierende Unterrichtseinstiege genutzt oder dienen als Illustrationen neben fremdsprachlichen Texten. Gegenwärtig wird das didaktische Potenzial der Bilder somit selten voll ausgeschöpft.

Dabei kann die Bildende Kunst eine zentrale Rolle im Unterricht spielen und als wichtiger Bestandteil des fremdsprachlichen Lernens eingesetzt werden: Das Lernen durch und mit Bildern und Kunst fördert neben den sprachlichen Fähigkeiten immer auch den Aufbau der sogenannten Bildkompetenz, d. h. der Fähigkeit, Bilder (kritisch) zu lesen und visuelle Informationen zu entschlüsseln. Mit den folgenden Methodenblättern werden sowohl visuell-rezeptive als auch sprachliche Fähigkeiten der Schüler*innen geübt, angewendet und damit aufgebaut.

Die Methodenblätter beziehen sich auf Reproduktionen aus der Bildenden Kunst, die sich als Sammelbegriff auf die „gestaltenden" Künste, z. B. Malerei, Zeichnung, Bildhauerei und Fotografie, bezieht. Die Blätter zeigen, dass Werke der Bildenden Kunst aufgrund ihrer Spannungsmomente und zahlreichen Wahrnehmungs- und Deutungsmöglichkeiten ein sehr guter Impuls sein können, um sprachliche sowie visuelle Kompetenzen zu fördern.

Die Vermittlung zeichnet sich dadurch aus, dass die Erschließung sowohl über einen emotional-affektiven als auch einen analytischen Zugang erfolgen kann. Die Methodenblätter machen sich diese unterschiedlichen Zugangswege zunutze und bedienen sich der verschiedenen Verarbeitungskanäle für das Wahrnehmungs- und Sprachtraining der Schüler*innen.

Bei der Arbeit mit Bildender Kunst im Fremdsprachenunterricht sollte sich die Lehrkraft mit der Wiedergabe ihrer eigenen oder kunstgeschichtlichen Deutung zunächst zurückhalten, um es den Lernenden zu ermöglichen, das kreative Potenzial der Kunst im Gespräch und im kreativen Handeln selbst auszuloten. Ein Input zu Hintergrundinformationen oder ein Vergleich dieser Informationen mit persönlichen Sichtweisen kann am Ende erfolgen. So wird vermieden, dass die Schüler*innen die vorgegebenen Deutungen unreflektiert übernehmen.

Die Methodenblätter zum Umgang mit Bildender Kunst dienen einer motivierenden und

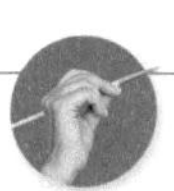

aktivierenden sprachlichen Förderung. Die Auswahl der Bilder bzw. der Kunst für die Methoden ist nicht beliebig. Daher finden sich auf jedem Methodenblatt Bildbeispiele und Hinweise zur Bildauswahl, um weitere geeignete Werke zu finden.
Grundsätzlich sollte durch die Lehrkraft vor dem Einsatz der Bilder im Unterricht eine Bestandsaufnahme des Bildinhaltes, d. h. was dargestellt ist, und der Besonderheiten der Bildform, d. h. wie es dargestellt ist, erfolgen. Dies stellt die Voraussetzung dafür dar, die Schüler*innen in Sinne des Scaffolding zu unterstützen. Gerade bei abstrakter Kunst stehen häufig die bildnerischen Mittel, wie die Umsetzung mit Farbe, Strategien der Komposition oder Gestaltung der Fläche, im Vordergrund. Vielen Schüler*innen fällt es schwer, solche formalen Besonderheiten wahrzunehmen und darüber zu sprechen. Falls ein Kunstwerk dies jedoch erfordert, müssen zusätzliche Schritte zur Erarbeitung eingeplant werden.
Die Methodenblätter dienen als Anregung dazu, Bildern und Kunst mehr Raum im Fremdsprachenunterricht zu geben und ihr Potenzial zum Training der sprachlichen und visuellen Fähigkeiten der Lernenden einzusetzen.
Sie können aneinandergereiht in Verbindung mit passenden Bildern (insbesondere Kunstbildern) oder einzeln zum fokussierten Training von Sprach- und Bildkompetenzen eingesetzt werden.

Weitere Unterrichtsideen zur Bildenden Kunst

- Fohr, T. (2019): **Kunst zur Sprache bringen: Planung und Umsetzung von erfahrungsorientiertem Lernen im Museum mit Lernapp Actionbound.** Zeitschrift für den Interkulturellen Fremdsprachenunterricht, Heft 24/2, 2019, S. 143–178.
  ➲ Der Beitrag thematisiert erfahrungsorientiertes Lernen ganz konkret anhand von Kunstwerken im Museum.
- Hecke, C.; Surkamp, C. (Hrsg.) (2015): **Bilder im Fremdsprachenunterricht. Neue Ansätze, Kompetenzen und Methoden.** Tübingen: Narr.
  ➲ Das Buch beschäftigt sich mit dem Potenzial von Bildarbeit für den Fremdsprachenunterricht. Es werden verschiedene Formen von Bildern thematisiert und unterschiedliche Methoden und Ansätze zum Umgang mit Bildern dargestellt.

Texte in Illustrationen umwandeln

Kurzbeschreibung

Die Schüler*innen lesen einen fremdsprachlichen Text und fertigen eine Skizze der dargestellten Textinhalte an. Vor dem Lesen (Pre-Aufgabe) werden die Schüler*innen inhaltlich auf den Text vorbereitet, während des Lesens (While-Aufgabe) werden sie mit konkreten Aufgaben begleitet, nach dem Lesen (Post-Aufgabe) wird den Schüler*innen geholfen, den gelesenen Text zu verstehen und die Inhalte in einer Skizze zu verarbeiten. Die Schüler*innen trainieren vor allem das genaue Lesen (Scanning) eines unbekannten Textes.

Material

- Text in der Fremdsprache, der zu Alter, Sprachstand und Interessen der Schüler*innen passt und einen narrativen Charakter hat (besonders geeignet: Geschichte, Zeitungsartikel, Romanauszug, Songtext, Gedicht, Sachtext mit Daten und Fakten, Dramentext) (→ Beispiel)
- ggf. Wörterbuch (z. B. im Smartphone)

Durchführung

- **Pre-Aufgabe:** Die Schüler*innen werden auf das Textthema eingestimmt, z. B. durch das Besprechen des Titels, eine Fantasiereise oder eine Mindmap zum Thema.
- **While-Aufgabe:** Die Schüler*innen markieren Textstellen, die Hinweise auf die dargestellte Szene geben. Hier können weitere Impulse gegeben werden:
  - Wie kann das Beschriebene aussehen?
  - Wo befinden sie sich?
  - Wer sind die wichtigen Figuren?
  - Was tun sie gerade?
- **Post-Aufgabe:** Die Schüler*innen fertigen eine Skizze der im Text beschriebenen Szene an und interpretieren damit die Textinhalte. Bei Sachtexten mit Daten/Fakten können die Informationen in Form von Grafiken dargestellt werden.
- Schließlich zeigen, beschreiben und vergleichen die Schüler*innen ihre Skizzen. Dies geschieht in Partnerarbeit, in Gruppenarbeit (z. B. als gallery walk) oder im Plenum.

Weitere Hinweise

Falls einzelne Schüler*innen keine Skizze anfertigen wollen, können sie die Aufgabe auch medial bearbeiten. Sie recherchieren z. B. ein zur Szene passendes Foto oder Gemälde und beschreiben im Anschluss, warum sie dieses ausgewählt haben.

Beispiel

Englisch (A1/A2)
Pre-Aufgabe: Imagine you have got a cat at home. You meet your friends and you are telling your friends where your cat likes to sleep … Gedicht: **Cats**[10] by Eleanor Farjeon Cats sleep Anywhere, Any table, Any chair, Top of piano, Window-ledge, In the middle, On the edge, Open drawer, Empty shoe, Anybody's Lap will do, Fitted in a Cardboard box, In the cupboard With your frocks – Anywhere! They don't care! Cats sleep Anywhere While-Aufgabe: Who is the main character? (Lösung: a cat); Where does the cat like to sleep? (Lösungen: on a table, on a chair, in an open drawer, in an empty shoe …); Where does the poem take place? (Lösung: must be inside a house, where there are tables, chairs, drawers or shoes) Post-Aufgabe: And now, take a pen and a piece of paper and draw the scene.

[10] *'Cats'* from *Blackbird Has Spoken* by Eleanor Farjeon (Macmillan Children's Books), reproduced by permission of David Higham Associates.

Ein Vielleicht-Gedicht zu einer Bildvorlage

Kurzbeschreibung

Mit dieser Methode üben die Schüler*innen das schriftliche Formulieren ihres ersten Eindrucks zu einem Kunstwerk. Sie erhalten die Gelegenheit, das, was sie sehen, ihre Gefühle und Vermutungen zum Dargestellten in einfache Worte zu fassen und in einem „Vielleicht-Gedicht" zu verschriftlichen. Auch das Vortragen der Gedichte wird in der Präsentation geübt.

Material

- Abbildung eines Kunstwerks (besonders geeignet: abstrakte, surreale Gemälde, irritierende Darstellungen, deren Deutung aufgrund ihres Abstraktionsgrads, ihrer Offenheit oder ihrer Kombination unterschiedlicher Bilddetails nicht eindeutig ist, z. B. René Magritte)
- ein weiteres Kunstwerk und als Textmodell dazu ein Beispielgedicht in der Fremdsprache, das zu Alter, Sprachstand und Interessen der Schüler*innen passt (→ Beispiel)

Durchführung

- Das Kunstwerk wird für alle gut sichtbar im Raum präsentiert. Die Lehrkraft gibt Impulse: Schaut euch das Bild an: **Was seht ihr? Was denkt ihr?** Die Schüler*innen können sich im Plenum spontan äußern.
- Um den Schüler*innen das Prinzip eines Vielleicht-Gedichts nahezubringen, kann die Lehrkraft das Gedicht „Vielleicht" auf der folgenden Seite (→ Beispiel) nutzen. Im Anschluss schreiben die Schüler*innen in Einzelarbeit ein „Vielleicht-Gedicht" zu ihrem Kunstwerk und können sich dabei an dem Beispiel orientieren. Sie lernen so, Äußerungen unter Vorbehalt zu formulieren.
- Die Unterrichtssequenz endet mit dem Vortrag der Gedichte. Ihr Arbeitsauftrag könnte sein: **Präsentiert euer Gedicht. Achtet dabei auf die Wort- und Satzbetonung.** Die Lehrkraft liest beispielhaft vor.
- Ab Sprachniveau B1 kann die Lehrkraft im Anschluss auf Hintergrundinformationen zum Bild eingehen und die Vermutungen der Schüler*innen mit weiteren Informationen zum Werk vergleichen lassen.

Variante

Als Alternative werden den Schüler*innen fünf Kunstwerke gut sichtbar im Raum präsentiert. Die Phase im Plenum entfällt. Die Schüler*innen können ein Bild, zu dem sie ein Gedicht schreiben möchten, auswählen. Während des Vortrags wird von den anderen Schüler*innen erraten, zu welchem Bild das jeweilige „Vielleicht-Gedicht" gehört. Der Arbeitsauftrag könnte lauten: **Ihr seht fünf Kunstwerke: Bitte wählt eines davon aus und schreibt ein „Vielleicht-Gedicht". Orientiert euch an dem Beispiel. Bitte tragt euer Gedicht euren Mitschüler*innen vor. Die anderen raten, um welches der Kunstwerke es sich handelt.**

Beispiel

<table>
<tr><th colspan="2">DaF/DaZ (ab A1.2, wenn das Wortfeld zum Bildthema behandelt wurde)</th></tr>
<tr><td>Beispiel-Abbildung

© Tanja Fohr

Fohr, Tanja: Köpfe (2021, Gouache auf Leinwand, 40 x 30 cm)</td><td>Tanja Fohr

„Vielleicht"

Vielleicht eine Frau
eine Frau vielleicht

Vielleicht zwei Menschen
zwei Menschen vielleicht

Vielleicht im Himmel
im Himmel vielleicht

Vielleicht im Wasser
im Wasser vielleicht

(2022)</td></tr>
</table>

Das Bilddiktat

Kurzbeschreibung

Die Schüler*innen hören die Beschreibung eines Bildes und fertigen eine passende Skizze an. Im Anschluss werden die Zeichnungen der Schüler*innen miteinander verglichen und sie können erklären, was sie gezeichnet haben und auch „warum", indem sie auf das Gehörte verweisen. Am Ende zeigt die Lehrkraft das Originalbild und die Schüler*innen vergleichen ihre Skizzen mit dem Original.

Material

- Abbildung eines Kunstwerks, z. B. Gemälde, Fotografie, Cartoon, auf dem Gegenstände oder Personen mit einem geringen Abstraktionsgrad zu sehen sind, damit sie sich gut beschreiben und zeichnen lassen
- Audiodatei einer Bildbeschreibung oder eigene Bildbeschreibung

Durchführung

- Die Schüler*innen hören die von der Lehrkraft oder einer Audiodatei vorgetragene Bildbeschreibung: **Gleich hört ihr eine Bildbeschreibung. Sie wird insgesamt 2-mal vorgespielt.** Das erste Hören dient dem Globalverstehen, das zweite Hören dem Detailverstehen.
- Die Schüler*innen haben einen Stift und Skizzenpapier vor sich und machen sich beim ersten Hören Notizen dazu, was sie der Beschreibung entnehmen können: **Macht euch Notizen zu möglichst vielen Details.**
- Zwischen dem ersten und zweiten Hören der Bildbeschreibung kann eine Zwischensicherung im Plenum stattfinden, in der gesammelt wird, welche Details die Schüler*innen dem Hörtext entnommen haben.
- Die Schüler*innen zeichnen beim zweiten Hören mit: **Zeichnet auf euer Blatt Papier das, was ihr hört.** Bei Bedarf wird die Bildbeschreibung ein drittes Mal vorgetragen.
- Die Skizzen werden in Partnerarbeit beschrieben: **Stellt einander eure Skizzen vor und beschreibt, was ihr gezeichnet habt.**
- Danach werden die Skizzen in Partnerarbeit, Gruppenarbeit oder im Plenum miteinander verglichen, wobei Schüler*innen auf das Wissen aus der Hörverstehensphase zurückgreifen.
- Abschließend werden die Skizzen mit dem Original verglichen.

Varianten

- Variante 1: Es werden vorab einzelne Bildmotive auf einer Kopiervorlage ausgeteilt. Die Schüler*innen schneiden diese Motive aus und platzieren sie entsprechend der Bildbeschreibung auf ihrem Papier.
- Variante 2: Die Methode kann auch in Kleingruppen eingesetzt werden. Hier sieht eine*r der Schüler*innen das Bild und beschreibt es den anderen. Die Schüler*innen zeichnen, was sie hören.

Weitere Hinweise

- Bestimmte Wörter und Phrasen zur Bildbeschreibung können vorab als Tafelanschrieb entlastet werden (Scaffolding).
- Bildbeschreibungen lassen sich häufig auch auf Audio-Guides von Museen finden (z. B. guggenheim.org, britishmuseum.org). Es ist auch möglich, nur den Ton von Youtube-Videos abzuspielen, in denen Bilder beschrieben werden.
- Es kann sein, dass einige Schüler*innen Vorbehalte haben und behaupten, dass sie „nicht gut zeichnen können". Hier betont die Lehrkraft, dass es nicht darum geht, eine besonders schöne Zeichnung zu erstellen, sondern um das genaue Zuhören. Zeichenunwilligen Schüler*innen kann angeboten werden, das Papier mit grafisch angeordneten Stichworten zum Hörtext zu versehen.
- Das Bilddiktat kann auch als Vertretungsstunde stattfinden oder – mit einem zum Reihenthema passenden Bild – thematisch in eine Unterrichtsreihe eingegliedert werden.

Beispiel

Englisch (ab A2)

„The picture shows a building with a swimming pool. The swimming pool can be seen in the foreground of the picture. A colorful beach ball floats in the water. Two ladders are in the middle of the pool. In the middle ground of the picture are 4 sun loungers. Two on the left side with two parasols and two on the right side without parasols. In the background, there is a copper-coloured modernist building with two floors and a flat roof. Right next to the house, there are several green plants, some of them cover the house. The flat, bold colors and geometric shapes contribute to the overall sense of a sunny, idyllic California lifestyle."

Ich sehe was – aber was?

Kurzbeschreibung

Die Schüler*innen üben spielerisch das Beschreiben von Kunstwerken, indem sie sich gegenseitig nach Bildgegenständen und Bildinhalten fragen.

Material

- Abbildung eines Kunstwerks mit vielen Personen und Gegenständen, das zu bereits behandelten Themen passt (→ Beispiele)
- Wortliste zu den Bildgegenständen
- ggf. Redemittel für Bildbeschreibungen

Durchführung

- Die Lehrkraft händigt jedem*jeder Schüler*in eine Kopie des Kunstwerks aus.
- Als Einstieg in die Methode verteilt die Lehrkraft eine Wortliste zum Bild (Substantive, Adjektive, Verben). Darin können auch unpassende oder humorvolle Wörter enthalten sein. Gelenkt durch die Wörter, gehen die Schüler*innen in Partnerarbeit im Bild auf die Suche und nehmen Bilddetails wahr. Sie ordnen die Wörter den Bildgegenständen zu.
- Danach beginnt die eigentliche „Ich sehe was"-Aktivität, indem die Schüler*innen folgenden Arbeitsauftrag erhalten: **Markiert auf eurem Bild drei Bildgegenstände. Das können Personen oder Dinge sein. Der*die Partner*in darf nicht sehen, was ihr ausgewählt habt.**
- Der*die Partner*in errät durch Ja-/Nein-Fragen,, um welche Bildgegenstände es sich handelt, z. B. **Ist es ein Mensch? Ist die Person vorn, in der Mitte oder hinten im Bild? Trägt sie eine braune Hose?** usw. Dabei wird die Beschreibung der Lage und der Merkmale der Bildgegenstände geübt. Wird die Frage mit Ja beantwortet, darf weitergefragt werden. Wird die Frage mit Nein beantwortet, ist der*die Partner*in an der Reihe.
- Gewinner*in des Spiels ist, wer zuerst alle Bildgegenstände des Partners bzw. der Partnerin erraten hat.

Beispiele

Damit die Schüler*innen den Wortschatz der Bildgegenstände, die sie benennen sollen, auch kennen, sollten Werke ausgewählt werden, in denen ein bereits erarbeitetes Thema genutzt wird. Bei „Essen und Trinken" eignen sich Früchte-, Frühstücks- oder Küchenstillleben, z. B. „Die Gemüsehändlerin" von Joachim Beuckelaer (1564) oder die „Fallenbilder" von Daniel Spoerri (um 1960).

Kunstwerke, die eine gewisse narrative Qualität und vielseitige Bildinhalte aufweisen, sodass beim Betrachten Geschichten entdeckt werden können, bieten sich für das sprachliche und visuelle Lernen besonders an, z. B. „Die Bauernhochzeit" (1568) oder „Das Schlaraffenland" (um 1567) von Pieter Bruegel d. Ä. Außerdem wecken Werke, die durch ihre Inszenierung eine inhaltliche Spannung aufbauen, das Interesse der Schüler*innen, etwa „Die Kartenspieler" (1594) von Michelangelo Merisi da Caravaggio.

Joachim Beuckelaer: Die Gemüsehändlerin (undatiert, Ölgemälde, 112,2 x 163,5 cm, Musee des Beaux-Arts, Valenciennes, Frankreich)

Im Gespräch mit dem Kunstwerk: Wer bist du?

Kurzbeschreibung

Mit dieser Methode üben die Schüler*innen, in einen fiktiven Dialog mit einem Kunstwerk zu treten. Nach der Betrachtung des Werks treten sie nach vorgegebenen oder selbst formulierten Fragen in einen Austausch mit den im Kunstwerk dargestellten Personen oder Dingen. Durch dieses Rollenspiel deuten die Schüler*innen das Gesehene auf kreative Art und Weise und werden dabei „sprachmittelnd" tätig, indem sie das Gesehene (Medium Bild) in verbale Äußerungen (Medium Sprache) übertragen.

Material

- Abbildung eines Kunstwerks (➔ Beispiele)
- für das Sprachniveau A1–A2: ein Arbeitsblatt mit der Abbildung des Kunstwerks, Fragen zur Unterstützung und einem Dialoggerüst

Durchführung

- Die Lehrkraft zeigt den Schüler*innen das Kunstwerk. Diese haben Gelegenheit, das Bild global zu erfassen und sich im Plenum spontan dazu zu äußern: **Schaut euch das Kunstwerk gemeinsam an und sammelt eure Einfälle zu dem Bild.** Die Formulierung des ersten Eindrucks sollte kurz gehalten werden, damit die Schüler*innen dem Werk in der anschließenden Partnerarbeit offen begegnen und ihre Ideen für das Rollenspiel frei entfalten können.
- In der Partnerarbeit sammeln die Schüler*innen zunächst ihre ersten Eindrücke und überlegen, welche Fragen sie dem Werk stellen möchten und wie die Antworten lauten können. Die Schüler*innen sichern diese Fragen und Antworten in einer Tabelle zur Vorbereitung ihres Rollenspiels: **Überlegt euch Fragen, die ihr dem Kunstwerk stellen möchtet. Notiert die Fragen in einer Tabelle in der linken Spalte.**
  Welche Antworten könnte das Kunstwerk geben? Notiert mögliche Antworten in der Tabelle in der rechten Spalte.

Mögliche Fragen:	Mögliche Antworten:
Was machst du hier?	
Wie geht es dir?	
Was wünschst du dir?	
Wie kann ich dir helfen? usw.	

Dabei kann die Lehrkraft unterstützen, indem sie Fragen und weitere Redemittel vorgibt.

- Im Anschluss präsentieren die Schüler*innen ihre Rollenspiele im Plenum: **Spielt nun den Dialog vor der Lerngruppe vor und übt dabei eure Fragen und Antworten.** Alternativ können die Schüler*innen ihre Dialoge aufnehmen (z. B. nur Audio) und auf einer Lernplattform hochladen.

Variante

Als Alternative gibt die Lehrkraft den Schüler*innen mehrere Kunstwerke zur Auswahl: **Bitte wählt eines der gezeigten Kunstwerke aus, aber verratet den anderen Teams nicht eure Auswahl. Diese raten später, zu welchem Bild euer Dialog passt.**

Beispiele

Für das Rollenspiel können Kunstwerke ausgewählt werden, bei denen es um Menschliches geht (s. Beispiel-Abbildung rechts). Die Darstellungen von Personen weisen oft auf deren Gefühle und Befindlichkeit hin oder aber darauf, was sie beruflich machen oder was sie beschäftigt. Zudem eignen sich Kunstwerke, bei denen eine Momentaufnahme einer Handlung gezeigt wird, zu der die Schüler*innen auch Fragen zum Davor und Danach der Handlung stellen können.
Plastiken von Antony Gormley, wie das „Free Object d8“ (1987), oder Werke von Alberto Giacometti kommen in Betracht, da sie Existenzielles widerspiegeln, Fragen nach den Gründen für menschliches Handeln sowie nach der Haltung von Personen aufwerfen.

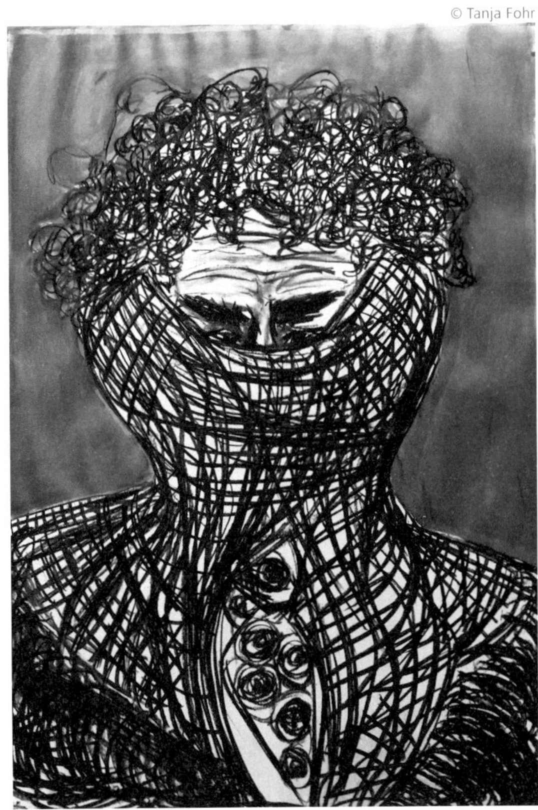

Tanja Fohr: ohne Titel
(2018, Kohle und Acryl auf Papier, 59,5 x 84,1 cm)

Der Bildsteckbrief

Kurzbeschreibung

Zunächst sehen die Schüler*innen ein Bild und äußern ihre spontanen Reaktionen dazu. Dadurch ist eine individuelle Annäherung an das Bild gewährleistet, mit dem sie sich im Folgenden beschäftigen. Im Anschluss recherchieren die Schüler*innen bestimmte Aspekte zum Hintergrund des Bildes, die die Lehrkraft entsprechend den Bildinhalten vorgibt. Die Schüler*innen schreiben einen Steckbrief zum Bild mit Informationen aus der Rechercheaufgabe.

Material

Abbildung eines Kunstwerks (z. B. Gemälde, Fotografie, Graffiti), das kulturelle Besonderheiten repräsentiert oder ein brisantes Thema behandelt (→ Beispiele)

Durchführung

- Die Schüler*innen betrachten ein Bild und beantworten die folgenden drei Leitfragen: Was sehe ich? Was denke ich? Was fühle ich?
- Nachdem sie ihre ersten Reaktionen zu diesem Bild geäußert haben, recherchieren sie in Einzel- oder Partnerarbeit von der Lehrkraft vorgegebene Aspekte zum Bild, etwa zum kulturellen oder historischen Kontext, zur Entstehung oder zu den dargestellten Personen. Dazu bearbeiten sie die Aufgabe, auf Grundlage der Recherche einen Steckbrief über das Bild anzufertigen.
- Ein Vergleich der Ergebnisse kann in Partnerarbeit, Gruppenarbeit oder im Plenum erfolgen.

Beispiele

Anregend für diese Methode sind Bilder, die sich in konkrete politische, soziale oder kulturelle Zusammenhänge einordnen lassen. Beispiele sind „Self Portrait along the Border Line between Mexico and the United States" (1932) von Frida Kahlo, das im Zusammenhang mit dem Konflikt an der Grenze zwischen den USA und Mexiko thematisiert werden kann, „American Progress" (1872) von John Gast, das wichtige Phasen der amerikanischen Geschichte darstellt, oder auch das George-Floyd-Graffiti in Minneapolis, das den Afroamerikaner zeigt. Zu letzterem Werk folgt hier eine genauere Betrachtung für den Unterricht.

A mural to George Floyd near the site of his death, Minneapolis, USA

Künstler*innen: Cadex Herrera, Xena Goldman, Greta McLain, Pablo Helm Hernández, Niko Alexander, Maria Javier, Rachel Breen

Englisch (B2)

1. Look at the graffiti and research about the following aspects:
   Group A: Who was George Floyd and what led to the tragic event on May 25, 2020 in Minneapolis?
   Group B: What is the „Black Lives Matter Movement"?
   Group C: Who was Martin Luther King and what did he fight for in his life?
2. Research online about the graffiti and fill in the information about the picture together with a partner:

   Artist: ....
   Date: .... Place: ....
   Who and what is depicted in the picture? ....
   What is special about this picture? ....
   What happened prior to the creating of the graffiti/which events lead to this graffiti?
   ....
   Which special features do you recognize? ....

3. Discuss in groups: Are Martin Luther King's claims still relevant today?

Das Worträtselbild: Wie sieht das Bild aus?

Kurzbeschreibung

Mit dieser Methode üben die Schüler*innen das Lesen und das Imaginieren von Bildern, das Zeichnen und das detaillierte Wahrnehmen von Bildgegenständen. Sie erhalten die Gelegenheit, den Wortschatz im Worträtselbild beim Benennen der Bilddetails anzuwenden.

Material

- Abbildung eines Kunstwerks, dessen zu benennende Bildgegenstände sich auf ein bekanntes Wortfeld beziehen (→ Beispiele)
- ein von der Lehrkraft erstelltes Worträtselbild, auf dem sich die Wörter genau an der Stelle im Bildraum befinden, an der die abgebildeten Bildgegenstände zu sehen sind

Durchführung

- Die Lehrkraft präsentiert zunächst das Worträtselbild im Plenum als „stummen Impuls" und lässt die Schüler*innen die Wörter global erfassen, bevor sie den Arbeitsauftrag erläutert: **Lest das Worträtselbild. Jedes Wort steht dort, wo im Kunstwerk die Bilddetails zu sehen sind. Überlegt: Wie kann das Bild aussehen?**
- In Einzelarbeit übertragen die Schüler*innen ihre Vorstellung vom Bild in eine Skizze auf DIN-A5-Papier: **Zeichnet nun ein Bild nach dem Worträtselbild.**
- Danach präsentieren und vergleichen die Schüler*innen ihre Skizzen in Partnerarbeit: **Was ist gleich? Was ist anders?**
- Zum Abschluss zeigt die Lehrkraft das Originalbild: **Vergleicht eure Zeichnung nun mit dem Originalkunstwerk: Was ist gleich? Was ist anders? Gefällt euch das Bild?** Dazu kann die Lehrkraft Redemittel zur Unterstützung an die Tafel schreiben.

Beispiele

Für das Angebot eignen sich z. B. Kunstwerke, die Ansichten einer Stadt oder Landschaft zeigen, bei denen der Bildinhalt übersichtlich angeordnet ist, die Bildinformationen nicht zu dicht sind, einander nicht überlagern und deren Bildgegenstände eindeutig zu erkennen sind. Kunstwerke mit Menschenmengen oder abstrakte Werke sind mit Einzelwörtern kaum so zu beschreiben, dass die Schüler*innen eine eindeutige Skizze anfertigen können. Werke von Louis Kolitz, z. B. „Das regennasse Königstor in Kassel bei Sonnenuntergang" (um 1897), Johann Erdmann Hummels Landschaftsgemälde oder ausgewählte Gemälde von Max Liebermann, z. B. „Das Atelier des Künstlers" (1902), sind geeignet.

DaF/DaZ (ab A1.2, wenn das Wortfeld zum Bildthema behandelt wurde)

Worträtselbild[11]

Himmel Himmel Himmel Wolken hellblauer Himmel Baum Baum Baum
Himmel Himmel weiße Wolken Wolken Himmel Baum Baum Baum
Himmel hellblaue und weiße Wolken Himmel Baum Baum Baum Baum
hellblauer Himmel hellblaue und weiße Wolken Baum grüne Blätter
Himmel Himmel hellblauer Himmel Himmel Baum Baum Baum Baum
Himmel Himmel Himmel hellblauer Himmel Himmel Baum Ast Baum
hellblauer Himmel hellblaue und weiße Wolken Baum Baum Baum Baum
Wolken hellblauer Himmel Himmel Himmel Baum Baumstamm Baum
hellblauer Himmel Himmel **Bergspitze** Himmel **Monument** Baum Baum
Berg grüner Berg Horizont **Bergspitze** Berg **Monument** Baum Baum
Berg Berg mit Wald grüner Berg Berg Wald **Monument** Baum Baum
Berg Berg mit Wald **Burg** im Wald grüner Berg Wald Wald Baumstamm
Berg Berg mit Wald **Burg** im Wald Berg **Schloss** Berg mit Wald Baum
Berg Berg Berg mit Wald Wald **Schloss auf dem Berg** Wald Baum
Park Wald Park Wald Bäume Wiese Park Wald Bäume Baum Baum
Park Wald Park Wald Wiese Wiese Park Wald Bäume Baum Baum
Park Fluss Steine Wiese Baum Wiese **Schafe** Wiese Bäume Bäume Baum
Park Fluss Steine Wiese Baum **Menschen Schafe** Wiese Bäume Bäume
Steine Fluss Steine Steine Weg **zwei Reiter** Weg Park Wiese Baum
Steine Fluss Steine Steine Weg **zwei Pferde** Weg **Spaziergänger** Weg
Steine Park Steine Wiese Weg **2 Kinder** Weg **Mann und Frau** **Familie** Weg

Originalbild

Johann Erdmann Hummel: **Schloss Wilhelmshöhe mit dem Habichtswald** (1799/1800, Öl auf Leinwand, 79,2 x 113,3 cm, Neue Galerie Kassel)

[11] Quelle: Tanja Fohr

Das sprechende Bild

Kurzbeschreibung

Die Schüler*innen versetzen sich in ein Bild oder Gemälde hinein und stellen sich vor, dass sie darin Personen wären und dort handeln würden. So erschließen sie sich auf kreative Weise das Bild. Indem sie dem Bild Sprech- und Denkblasen hinzufügen, wenden sie eine gewünschte Grammatik an. Durch das „sprechende Bild" ergeben sich weitere neue Sprechanlässe für die Schüler*innen, z. B. durch den Vergleich ihrer Ergebnisse.

Material

Abbildung eines Kunstwerks (z. B. Gemälde, Fotografie), auf dem Figuren zu sehen sind (➔ Beispiel)

Durchführung

- Die Schüler*innen erhalten die Kopie und dazu den Auftrag, sich in die Lage der Personen im Bild hineinzuversetzen. Sie stellen sich vor, was die Personen in dieser Situation sagen oder denken würden: **Schaue dir das Bild genau an und stelle dir vor, du bist die Person darauf. Was hast du heute erlebt? Was beschäftigt dich? Welche Fragen trägst du mit dir herum? Notiere zuerst Stichworte.** Die Schüler*innen fügen den Personen Sprech- und Denkblasen hinzu. Ist das Bild mittig auf dem Papier, können die Blasen darüber eingezeichnet werden.
- Die Aufgabe wird nun mit einer gewünschten Grammatik verknüpft, z. B. mit dem Futur. Die Schüler*innen versuchen, die Gestik und Mimik der Personen im Bild zu deuten und auf ihre Dialoge und Gedanken anzuwenden: **Stelle dir vor, dass Person A und B sich gerade darüber unterhalten, was sie am nächsten Wochenende unternehmen wollen. Allerdings haben beide geheime Pläne, die sie der anderen Person verschweigen. Schreibe unter das Bild, was sie sich sagen (Sprechblase) und was sie wirklich vorhaben (Denkblase). Verwende dabei das Futur.**
- Haben die Schüler*innen ihre Ideen aufgeschrieben, tauschen sie sich darüber in Partnerarbeit aus.
- Die fertigen Ideen können anschließend vor der Klasse vorgespielt werden, indem die Schüler*innen die Personen im Bild verkörpern.

Weitere Hinweise

Das Verfassen der Sprech- und Denkblasen fördert die visuelle Kompetenz der Schüler*innen. Während sie die neue Grammatik anwenden, versetzen sie sich in die Lage der im Bild befindlichen Personen und können so einen Perspektivwechsel vornehmen.
Die Bildauswahl spielt eine zentrale Rolle: Es ist wichtig, den Schüler*innen eine Szene zur Verfügung zu stellen, in die sie sich hineinversetzen können, wenn sie die Sprech- und Denkblasen ergänzen. Es eignen sich besonders Bilder oder Gemälde, auf denen Figuren abgebildet sind, die sich in eine Szene eingliedern lassen. Die Lehrkraft kann sich eine passende Rahmenhandlung ausdenken, damit die Schüler*innen die gewünschte Grammatik im Bild sinnvoll anwenden.

Englisch (A1/A2)

The coupleis sitting beside the water and talks about what they want to do next weekend. Both have secret plans that they keep secret from the other person. Write down what they say to themselves (speech bubble) and what they really want (thought bubble). Use the future tense.

Manet, Edouard: **Le Dimanche sur la Seine (Argenteuil)** (149 x 115 cm, 1874 , MUSÉE DES BEAUX-ARTS, TOURNAI)

Film

Visuelle Bewegtmedien – Filme und Serien im Fremdsprachenunterricht

Visuelle Bewegtmedien beziehen sich auf jede Form der Kommunikation, die zur Informationsvermittlung bewegte Bilder verwendet, z. B. (Kurz-)Filme, Animationen, das Fernsehen, Serien[12], aber auch Werbung, (Musik-)Videos auf Streaming-Plattformen oder Videospiele. Zu den Merkmalen dieser Medien zählen:

- Multisensorik: Während der Rezeption werden verschiedene Sinneskanäle angesprochen, d. h. Hören und Sehen.
- Unmittelbarkeit: Inhalte und Botschaften können effektiv vermittelt werden, da die Aufmerksamkeit der Zuschauer*innen stark gefordert wird.
- Vielseitigkeit: Eine Bandbreite an komplexeren oder weniger komplexen Inhalten kann dargestellt werden.
- Affektivität: Beim Publikum können Emotionen wie Angst, Freude, Trauer oder Aufregung hervorgerufen werden.
- Permanenz: Im Gegensatz zum gesprochenen Wort können visuelle Medien die Zeit überdauern.
- Universalität: Unabhängig von Zeit, Raum und Kultur können sie (z. B. über Untertitel oder Synchronisation) von vielen Menschen konsumiert werden.

Visuelle Bewegtmedien können wirksame und zugleich höchst lernendenzentrierte unterrichtliche Sprachlerngegenstände darstellen, wenn sie fachgerecht und lernzielorientiert eingesetzt werden. Fremdsprachenforschende und Linguist*innen haben ihre Wirksamkeit im Sprachunterricht in den vergangenen Jahrzehnten untersucht. Ihr Einsatz im modernen Sprachunterricht bringt Lernende mit authentischer, realer Sprache in Berührung und diese Art von **natürlichem Sprachinput** ist Krashen (1985)[13] zufolge für den Spracherwerb unerlässlich. Filme bieten Schüler*innen die Möglichkeit, die Zielsprache so zu hören, wie sie tatsächlich verwendet wird, anstatt sie nur von Lehrenden (häufig Nicht-Muttersprachler*innen) modelliert zu bekommen, über eine CD zu hören oder einem Lehrwerk zu entnehmen. Filme und Serien konfrontieren Lernende zudem mit verschiedenen Kommunikationsszenarien (Mono-, Dia- und Multiloge) und unterschiedlich komplexen Sprach- und

[12] Filmisches Erzählen in Form von Serien (über mehrere Staffeln oder als sog. Miniserien in nur einer Staffel) hat den klassischen Spielfilm in den vergangenen Jahren zwar nicht vollkommen abgelöst, diesem jedoch in weiten Teilen den Rang abgelaufen. Diese Methodensammlung setzt aufgrund zunehmender Popularität und Verbreitung von Serien bei gleichzeitiger Unterrepräsentierung in Lehrwerken daher vermehrt auf das Format der Serie. Serielles Erzählen ermöglicht umfassende Figurenporträts und bietet Lernenden damit Möglichkeiten zum Perspektivenwechsel.

[13] Vgl. Krashen, S. D. (1985). The Input Hypothesis: Issues and Implications. New York: Longman.

Intonationsmustern sowie Dialekten, Registern, Regiolekten und Akzenten. Visuelle Bewegtmedien können ebenfalls zur Verbesserung des **Hörverständnisses** beitragen, welche gemäß Willis (2003)[14] Sprachlernende dabei unterstützt, ein Gefühl für die Zielsprache und deren Rhythmus zu entwickeln. Eine zielsprachliche adressatenorientierte **Aussprache** ermöglicht es Schüler*innen indes, effektiver zu kommunizieren und von Muttersprachler*innen verstanden zu werden.

Brown (2007)[15] und v. a. die Neurowissenschaften legen nahe, dass positive Emotionen in Bezug auf die Gegenstände und Prozesse des Unterrichts für erfolgreiches Lernen unerlässlich sind. Die freizeitliche Nutzung visueller Bewegtmedien bestimmt inzwischen zu immer größeren Anteilen die Lebensrealität von Kindern und Jugendlichen in Deutschland. Visuelle Bewegtmedien daher im Sprachenunterricht nicht aufzugreifen, wäre eine vertane Chance, die Lernbereitschaften und motivationalen Orientierungen der Lernenden positiv zu beeinflussen. Visuelle Bewegtmedien bilden häufig (immer mehr in Echtzeit) gesellschaftlich relevante Themen innerhalb und fernab der Lebenswelt der Schüler*innen ab. Sie bieten damit wertvolle Sprechanlässe zur Thematisierung von Erfahrungen der jungen Heranwachsenden. Darüber hinaus werden über sie Einblicke in andere Kulturen und dadurch transkulturelle Erfahrungen möglich, ohne dass es einer Reise bedarf.

Die Beschäftigung mit visuellen Bewegtmedien kann zur Anregung von Medienkompetenz dienen.[16] Im Zuge didaktisch angeleiteter Rezeptionsprozesse können Lernende zu fachkundigen Rezipient*innen heranreifen, die filmische „Vermittlungsstrategien"[17] mithilfe von „gattungs- und medienspezifischem Wissen" zu durchschauen und Filme zu interpretieren und einzuordnen wissen. Aufgrund ihrer dramatischen Dimension, ihrer „Plurimedialität"[18], befinden sich Filme und Serien in enger Verwandtschaft zum Theater. Dies qualifiziert sie für szenische Interpretationen, u. a. durch Einsatz dramapädagogischer Methoden (→ Kapitel 2 „Theater", ab S. 28).

Die Frage nach dem didaktischen Wert eines Films oder einer Serie ist durch ein Dilemma bestimmt: Die Vorstellungen der Lernenden von einem reizvollen Film müssen nicht mit denen der Lehrperson übereinstimmen.[19] Idealerweise kommt die Filmauswahl beiden Bedürfnissen und Ansprüchen nach, der **Delectatio** (dem Unterhaltungsbedürfnis) und der **Didaxe** (der Lehrhaftigkeit).[20] Die nachfolgenden Kriterien können unterstützen, eine zugleich unterhaltsame wie auch lehrreiche Serie oder einen Film auszuwählen:

[14] Vgl. Willis, D. (2003). Grammar and Lexis in English Language Teaching. Cambridge University Press. https://doi.org/10.1017/CBO9780511733000
[15] Vgl. Brown, H. D. (2007). Principles of language learning and teaching. Pearson Longman.
[16] Vgl. u. a. Surkamp, C. (2009). Literaturverfilmungen im Unterricht. Die Perspektive der Fremdsprachendidaktik. In: Leitzke-Ungerer, E. (Hrsg.), Film im Fremdsprachenunterricht. Literarische Stoffe, interkulturelle Ziele, mediale Wirkung (S. 61–79). Stuttgart, S. 68.
[17] Ebd.
[18] Ebd., S. 64.
[19] Vgl. Abraham, U. (2009). Filme im Deutschunterricht. In: Baurmann, J.; Kammler, C. (Hrsg.), Reihe Praxis Deutsch. Seelze-Velber, S. 21.
[20] Vgl. Paefgen, E. K. (2006). Einführung in die Literaturdidaktik. Stuttgart; Weimar, S. 173.

1. **Sprachliche Passung und Angemessenheit:** Die Filmauswahl sollte die Lernenden sprachlich fordern, aber nicht überfordern. Untertitel sollten zur Lernunterstützung und/oder Leistungsdifferenzierung ein- oder ausgeschaltet werden. Sprachlichen Registern, Dia- und Regiolekten sowie Akzenten kann durch didaktische Maßnahmen der Lehrperson begegnet werden.
2. **Kulturelle Relevanz:** Die Filminhalte sollten den Schüler*innen Einblicke in die Kultur und Gesellschaft der Zielsprache gewähren. Transkultureller Vergleich kann weiterhin zu einer kritisch distanzierten Haltung bezüglich bestehender Normen der Heimat- und der Zielsprachenkultur beitragen.[21]
3. **Thematische und lebensweltliche Relevanz:** Der Film sollte Gegenstände und Inhalte adressieren, die von hoher Relevanz für die Gesellschaft und/oder die Lebenswelt(en) der Schüler*innen sind.
4. **Authentizität:** Verzichtet werden sollte auf synchronisierte oder übersetzte Versionen, um Rhythmus und Sprachfluss als zusätzliche Lernpotenziale nicht zu verspielen, es sei denn, es geht um Mediations- und Übersetzungsaktivitäten.
5. **Didaktischer Wert und ästhetische Dekodierungsqualität:** Filmische Produktionen können poetisch und/oder erzählend sein.[22] Poetische Produktionen sind mit stilistischen Raffinessen ausgestattet. Sie fordern ihre Rezipient*innen zur Dekodierung stilistischer Mittel kognitiv heraus und eignen sich damit hervorragend zur Entwicklung von Medienkompetenz. Erzählende Produktionen folgen indes vordergründig der Maxime, Vergnügen zu bereiten, und setzen weniger auf cineastische Ästhetik.
6. **Figurendarstellung:** Die dargestellten Protagonist*innen durchlaufen einen Entwicklungsprozess, der sich nicht an Prototypen ausrichtet. Außerdem werden realistische Bezüge zur Lebenswelt der Lernenden hergestellt und eine stringente Handlung dargestellt.[23]

[21] Vgl. Leitzke-Ungerer, E. (Hrsg.). (2009). Film im Fremdsprachenunterricht: Literarische Stoffe, interkulturelle Ziele, mediale Wirkung; [Tagung im November 2008 an der Martin-Luther-Universität Halle-Wittenberg]. ibidem-Verlag.
[22] Vgl. Paefgen, E. K. (2006). Einführung in die Literaturdidaktik. Stuttgart; Weimar.
[23] Vgl. Abraham, U. (2009). Filme im Deutschunterricht. In: Baurmann, J.; Kammler, C. (Hrsg.), Reihe Praxis Deutsch. Seelze-Velber, S. 21.

Eine Drehbuchszene dramatisch erlesen

Kurzbeschreibung

Die Schüler*innen erarbeiten eine Drehbuchszene durch dramatisches Lesen in verteilten Rollen. Im Anschluss sehen sie den dazugehörigen Film und vergleichen ihre Leseinterpretation mit der Umsetzung des Regisseurs bzw. der Regisseurin.

Material

- eine Film- oder Serienszene in der Fremdsprache, die zu Alter, Sprachstand und Interessen der Schüler*innen passt (➔ Beispiele)
- der dazugehörige Filmtext in der Fremdsprache, z. B. ein Drehbuchausschnitt oder Untertitel
- Wörterbuch (z. B. im Smartphone)

Durchführung

- Im Plenum wird besprochen, dass ein Filmtext gelesen wird und welche Spezifika damit verbunden sind, z. B. verschiedene Sprecher*innen; Hinweise zu Kleidung, Mimik und Gestik der Figuren; Informationen zu Atmosphäre und Szenerie; Hinweise für Kameramann/-frau.
- Die Schüler*innen erhalten den Filmtext der Szene und lesen diesen zunächst in Einzelarbeit. Die Schüler*innen kreisen unbekannte Vokabeln ein und unterstreichen den Inhalt zusammenfassende Textstellen.
- Die Schüler*innen finden sich in Gruppen zusammen. Die Anzahl der Gruppenmitglieder bestimmt sich durch die Zahl der Sprecher*innen in der Szene. Die Schüler*innen klären Vokabelfragen mithilfe des Wörterbuchs und stellen sich ihre unterstrichenen Textstellen vor, die die Kernhandlung zusammenfassen.
- Unbekannte Vokabeln, deren Übersetzungen sowie die Kernhandlungen werden im Plenum zusammengetragen.
- Die Schüler*innen überlegen in Gruppenarbeit, welche Personen in der Szene sprechen und welche Sprechmotivation die Figuren haben. Sie verteilen die Leserollen und lesen die Szene in diesen Rollen.

- Die Schüler*innen tragen ihre Szenen in ihren vorbereiteten Rollen im Plenum dramatisiert vor. Die zuhörende Klasse überlegt nach jeder Präsentation, welche Wirkungen durch die unterschiedlichen Interpretationen in ihnen ausgelöst wurden.
- Nun wird die zum Filmtext passende Szene präsentiert und rezipiert. Im Plenum werden Unterschiede in Wirkung, Stimmung, Darbietung und Inhalt diskutiert. Mögliche Reflexionsimpulse sind hier:
  - Welche Gruppe war mit ihrer Leseinterpretation am nächsten an der Interpretation des Regisseurs bzw. der Regisseurin?
  - Welche Gruppe war am weitesten davon entfernt?
  - Welche Interpretation gefällt euch am besten und warum?

Beispiele

Englisch (B1/B2–B2/C1)
➲ Serie „Twin Peaks", Staffel 1, Folge 1 (USA 1990, Regie: David Lynch); Drehbuchszenen einsehbar unter: http://www.lynchnet.com/tp/tp01.html (letzter Zugriff: 12.12.2023) ➲ Film „Searching" (USA 2018, Regie: Aneesh Chaganty); Handlung wird über einen PC-Bildschirm erzählt ➲ Film „Call Me by Your Name" (Italien/Frankreich/USA/ Brasilien 2017, Regie: Luca Guadagnino) als Buchverfilmung von „Find me" von André Aciman ➲ Serie „Normal People" (Irland 2020, Regie: Lenny Abrahamson und Hettie Macdonald) ➲ weitere Serien: „Upload", „Sherlock", „House of Cards"; Anordnung von Bild und Text (Textnachrichten von einem Smartphone) im selben Frame

Imaginatives Schreiben zu einer Serie

Kurzbeschreibung

Die Schüler*innen sehen – auch ausschnittsweise – eine Folge einer Serie und eignen sich den dargebotenen Inhalt anschließend durch imaginatives Schreiben an. Hierzu wird zunächst ein Entwurf erarbeitet und in verschiedenen Schleifen bis zum finalen Produkt überarbeitet.

Material

- Folge einer Serie zum Thema „Schule" in der Fremdsprache, die zu Alter und Sprachstand der Schüler*innen passt (→ Beispiel)
- Wörterbuch (z. B. im Smartphone)

Durchführung

- Die Schüler*innen sehen einen englisch untertitelten Ausschnitt der Folge.
- Die Serie lädt dazu ein, mit den Schüler*innen über das Thema „Schule" ins Gespräch zu kommen:
  - allgemeine Frage: **How do you like school in general?**
  - konkrete Frage: **Is there anything you wish would be different about school?**
- Von der zweiten Frage ausgehend, werden Änderungsvorschläge der Schüler*innen zur Verbesserung von Schule und Schulalltag im Plenum zusammengetragen und an der Tafel gesichert.
- Danach erhalten sie den Schreibauftrag, sich ihre ideale Schule vorzustellen, z. B. mit Blick auf Klassengröße, technische Ausstattung, Lehrpersonal, Mitschüler*innen, Lehrplan, Länge des Schultags, Atmosphäre, Umgang miteinander usw. Diese „Wunschschule" soll schriftlich so beschrieben werden, dass sich ein*e Mitschüler*in ein genaues Bild von der Idealschule machen kann.
- Zunächst verfassen die Schüler*innen einen Rohentwurf, wobei sie möglichst keine Hilfsmittel nutzen. Im zweiten Schritt überarbeiten sie ihren Entwurf. Dabei können Hilfsmittel verwendet werden, z. B. Wörterbücher, Online-Übersetzungstools, Fragen an Mitschüler*innen oder die Lehrkraft. Zuletzt tauschen die Schüler*innen ihre Texte aus, lesen und korrigieren diese.

Beispiel

Englisch (A2–C1)

Hintergrundinformationen zur Serie:
Die Serie „Abbott Elementary" (ab 2021) ist eine US-amerikanische Sitcom im Mockumentary-Stil, in der eine teils resignierte, teils engagierte Lehrerschaft trotz aller herrschenden Widerstände (z. B. knappes Schulbudget, Einmischung der Schulbehörde, Disziplinprobleme und überfüllte Klassenzimmer) an einer öffentlichen Grundschule in Philadelphia versucht, ihre Schüler*innen auf das Leben vorzubereiten. Die Serie gewann insgesamt drei Golden Globes, u. a. in der Rubrik für die beste Komödie.

Einsatz im Unterricht:
Das in der Serie gesprochene Englisch ist authentisches amerikanisches Englisch und daher durchaus herausfordernd für jüngere und weniger sprachkompetente Englischlernende. Dennoch ist das Filmmaterial adaptierbar für Sprachlernende vom A2- bis zum C2-Niveau, z. B.:

- A2/B1: Es bietet sich an, den Ausschnitt vorab mit entsprechendem Wortschatz vorzuentlasten und Untertitel einzublenden.
- B1/B2: Die Szenen können entweder deutsch oder englisch untertitelt werden.
- C1: Zum Training des Hörverstehens können die Szenen ohne Untertitel angesehen werden.

Für Sprachvergleiche und mehrsprachigkeitssensible Unterrichtszugänge lassen sich die Untertitel je nach Streaming-Anbieter auf andere Fremdsprachen (z. B. Französisch und Spanisch) umstellen.

Eine Film-/Serienszene durch Hören erschließen

Kurzbeschreibung

Die Schüler*innen hören eine Film- oder Serienszene in zwei Schritten, d. h. zunächst nur mit Ton und danach mit Bild und Ton. Sie fertigen eine Skizze ihrer Szene an (globales Hörverstehen) und erkennen das Beziehungsgefüge der dargestellten Personen (Detailverstehen).

Material

- je eine Audio- und eine Videodatei von 3 einander ähnelnden Film- oder Serienszenen, die zu Alter, Sprachstand und Interessen der Schüler*innen passen und einen Dialog oder Multilog enthalten (➔ Beispiele)
- ggf. Kopfhörer

Durchführung

- Die Lehrkraft verteilt verdeckt drei ausgewählte Film- oder Serienszenen auf die Lerngruppe (z. B. über Tablets). Die Schüler*innen hören sich die Audiodatei „ihrer" Szene ggf. über Kopfhörer an. Sie versuchen, die Hauptaussage zu erfassen, und fertigen nach ihrem Verständnis eine gezeichnete Skizze an (globales Hörverstehen).
- Alle Skizzen werden auf dem Boden des Klassenzimmers verteilt. Jede*r Schüler*in wählt eine Skizze aus und beschreibt kurz, was darauf zu sehen ist. Die Schüler*innen suchen in ihren Skizzen nach Gemeinsamkeiten und finden sich in entsprechenden Gruppen zusammen.
- Die Schüler*innen schauen sich ihre Szene erneut an, nun als Videodatei mit Ton und Bild. Die Gruppenmitglieder versuchen, zu erkennen, ob sie tatsächlich dieselbe Szene gehört haben.
- Abschließend diskutieren sie in der Gruppe zum Detailverstehen:
  - **In welcher Beziehung stehen die dargestellten Personen zueinander?/ Who are they to each other?**
  - **Welche Anliegen haben sie jeweils?/What do they want to achieve?**

Beispiele

<table>
<tr><th>Englisch (B1)</th></tr>
<tr><td>Dialoge aus der Serie „The Office" (USA 2005–2013), z. B. „The Duel" (Staffel 5, Folge 12, 2009, Regie: Dean Holland)
„The Office" ist eine US-amerikanische Adaption der gleichnamigen britischen Serie, die auf den Komiker Ricky Gervais zurückgeht. „The Office" ist als Dramedy einzuordnen und besticht durch einen realitätsvortäuschenden Mockumentary-Stil. Die Serie gibt Einblick in den sowohl monotonen als auch unterhaltsamen Büroalltag von Mitarbeiterinnen der Papierfirma „Dunder Mifflin Inc.", der v. a. durch ihren exzentrischen und sich selbst überschätzenden Chef Michael Scott bestimmt wird.</td></tr>
<tr><th>Englisch (B1)</th></tr>
<tr><td>➲ Dialoge aus der Serie „Veep" (USA 2012–2019), z. B. „Helsinki" (Staffel 2, Folge 5, 2013, Regie: Becky Martin)
Die Politsatire und Dramedy-Serie „Veep" begleitet die Politikerin Selina und ihre Bürobelegschaft im Weißen Haus auf dem Weg zur Vizepräsidentin der USA. Ihre Karriere ist geprägt durch allerhand Missgeschicke und -verständnisse auf internationalem Parkett, sodass sich die Serie für interkulturelles Lernen eignet.
➲ Dialoge aus der Comedy-Dokuserie „How to with John Wilson" (USA 2020–2023), z. B. „How to make Small Talk" (Staffel 1, Folge 1, 2020, Regie: John Wilson)
In „How to with John Wilson" fügt der Filmemacher John Wilson in einer häufig überraschenden Montage Aufnahmen aus dem modernen New York so zusammen, dass sich ein gemeinsames Oberthema der bewegten Bilder erkennen lässt (häufig Bezug nehmend auf kulturspezifisch amerikanische, aber auch menschliche Eigenheiten). Die Serie bietet demnach interkulturelle Sprechanlässe an.</td></tr>
</table>

Einen Filmausschnitt auf unterschiedlichen Sinneskanälen wahrnehmen

Kurzbeschreibung

Aufgeteilt in zwei Gruppen, erschließen die Schüler*innen einen Filmausschnitt, ein Musikvideo oder eine Serie über einen von zwei Sinneskanälen – nur sehend oder nur hörend – und tauschen sich darüber aus. Die verschiedenen Zugänge zum selben Lerngegenstand ermöglichen im Anschluss ein Gespräch der Schüler*innen über ihre Erfahrungen, da sie über unterschiedliche Informationen verfügen. Die entstandene Informationslücke („gap") kann nur durch den Austausch geschlossen werden. Diese Aktivität ist eine Abwandlung der **information gap activity**[24] – es entsteht eine **sense gap activity**.

Material

je eine Audio- und eine Videodatei eines Film- bzw. Serienausschnitts oder Musikvideos, der/das zu Alter, Sprachstand und Interessen der Schüler*innen passt (➔ Beispiele)

Durchführung

- Die Lerngruppe wird in zwei gleich große Gruppen geteilt. Eine Gruppe sieht die Videodatei des ausgewählten Ausschnitts bzw. Musikvideos, allerdings ohne Ton; die zweite Gruppe hört die Audiodatei. Alternativ kann der sehenden Gruppe auch das Drehbuch bzw. der Songtext ausgeteilt werden.

- Im Anschluss begeben sich die Schüler*innen in ein Kugellager: Sie bilden einen Innen- und Außenkreis. Auf ein Signal der Lehrkraft hin beginnen die sich gegenüberstehenden Schüler*innen, sich über die Gesprächsimpulse auszutauschen:
  - über ihre individuellen Eindrücke: **From your viewing/listening experience, what is the film clip about?**
  - über Interpretationen: **From your viewing/listening experience, what is the message of the film clip?**

[24] Klippel, F. (1985): Keep Talking: Communicative Fluency Activities for Language Teaching. Cambridge University Press, S. 4.

- Nach einer gewissen Zeit gibt die Lehrkraft ein Signal, woraufhin die Schüler*innen des Innenkreises im Uhrzeigersinn einen Platz weiterrücken, sodass sich nun zwei neue Schüler*innen gegenüberstehen und erneut miteinander sprechen.
- Die im Kugellager diskutierten Beobachtungen oder Interpretationen können an der Tafel gesichert werden.
- In Partnerarbeit sichten die Schüler*innen nun den Filmausschnitt/das Musikvideo/die Serie mit Bild und Ton. Sie diskutieren auf Grundlage aller Sinneskanäle, welche ihrer vorherigen Beobachtungen oder Interpretationen nun am stimmigsten erscheinen.

Beispiele

Englisch (B1)
Musikvideo „Copycat" – Billie Eilish (2017, Regie: Jaime Jackson) Die Texte der populären amerikanischen Singer-Songwriterin Billie Eilish eignen sich gut für den Einsatz im Fremdsprachenunterricht, da sie sprachlich raffiniert sind und zu Interpretationen einladen. In ihnen adressiert die Künstlerin authentisch ihre inneren Dämonen, spricht z. B. die Themen Depression, Verlust, Liebeskummer, Selbstzweifel und fragwürdige Schönheitsideale an. Vielen Jugendlichen bietet Billie Eilish, die ihre Berühmtheit in den sozialen Medien für Klimaschutz, Tierwohl, Body Positivity und einen veganen Lebensstil einsetzt, daher eine geeignete Projektionsfläche für ihre eigenen altersgerechten Sorgen und Unsicherheiten.
Französisch (B1/B2)
Musikvideo „Girlfriend" – Christine and the Queens (2018, Regie: Jordan Bahat) Christine and the Queens ist ein*e nicht binäre*r französische*r Singer-Songwriter*in. In den Texten finden sich häufig Codeswitchings zwischen Englisch und Französisch. Dies bietet Potenziale für einen mehrsprachigkeitssensiblen Fremdsprachenunterricht, der auf die Förderung von Sprachbewusstheit abzielen kann. Christine and the Queens verfasst außerdem gendersensible Texte (z. B. in dem Song „iT"), sodass sich das Werk auch für die unterrichtliche Thematisierung von Fragen rund um Gender und Geschlecht anbietet. Das Video zu „Girlfriend" wartet mit diversen kulturellen Referenzen auf (industrielle Revolution in den USA, Michael Jackson), die sich für eine Unterrichtsstunde mit interkulturellem Schwerpunkt eignen.

Eine Film-/Serienszene sprachmitteln

Kurzbeschreibung

Die Schüler*innen mitteln eine Film- oder Serienszene aus dem Deutschen in eine Fremdsprache. Sie vergleichen ihre Übersetzung mit der zielsprachigen Synchronfassung der ausgewählten Szene.

Material

- mehrere deutschsprachige Film- oder Serienszenen, die zu Alter, Sprachstand und Interessen der Schüler*innen passen (➔ Beispiel), sowie deren Synchronfassung in der Fremdsprache
- deutschsprachige Drehbuchtexte der Szenen
- Wörterbuch (z. B. im Smartphone)

Durchführung

- Die Lehrkraft verteilt die ausgewählten Szenen an die Lerngruppe.
- Die Schüler*innen lesen in Einzelarbeit die deutschen Drehbuchtexte der ausgewählten Film- oder Serienszenen und wählen eine dieser Szenen aus. Anschließend versuchen sie, ihren Drehbuchtext ohne Hilfsmittel in die Fremdsprache zu übertragen. Bei Wortschatzlücken nutzen sie Paraphrasen oder Synonyme in der Fremdsprache.
- Die Schüler*innen lesen sich im Wechsel, in Partner- oder Gruppenarbeit, ihre Übersetzungen in die Fremdsprache vor. Die Zuhörenden versuchen, aus der Übersetzung heraus auf die passende Szene zu schließen.
- Die Schüler*innen ermitteln Hürden in ihrer Übersetzung (z. B. sichtbar daran, dass eine Szene nicht korrekt zugeordnet wurde) und versuchen, diese gemeinsam zu beseitigen. Dafür können sie Hilfsmittel (z. B. Wörterbücher auf dem Smartphone) nutzen. Auf diese Weise ermitteln sie fehlerhaft übersetzte Wörter, finden passende idiomatische Wendungen und bereinigen grammatische oder orthografische Fehler.
- Im Plenum wird nun die zielsprachige Synchronfassung der ausgewählten Szenen gezeigt. Die Schüler*innen gleichen ihre Übersetzung mit dieser Version ab und reflektieren ihre Übersetzungsentscheidungen mit Blick auf die Originalfassung. In diese Reflexion können auch andere Herkunftssprachen als das Deutsche einbezogen werden.

Weitere Hinweise

Weitere Aufgaben zur Sprachmittlung mit Filmen im Fremdsprachenunterricht:

- Untertitel zu einer Film- oder Serienszene herstellen: die Untertitel im Film abstellen, die Schüler*innen erstellen eigene Untertitel, danach die Untertitel wieder anstellen und die Schüler*innen vergleichen lassen
- Reflexion von Film- oder Serienszenen, in denen Sprachmittlung thematisiert wird (z. B. „Lost in Translation" [USA/Japan 2003, Regie: Sofia Coppola], „The Interpreter" [Großbritannien/USA/Frankreich/Deutschland 2005, Regie: Sydney Pollack] und „Terminal" [USA 2004, Regie: Steven Spielberg])
- Filmsynopsen für eine*n imaginäre*n Austauschschüler*in erstellen lassen: Z. B. bekommt die Klasse einen australischen **exchange student** und alle Schüler*innen sollen der Person die Handlung ihres Lieblingsfilms vorstellen.

Beispiel

Englisch (B2/C1)
<u>Serie „Dark" (Deutschland 2017–2020, Regie: Baran bo Odar)</u> Die Serie ist eine deutsche Science-Fiction-Mystery-Serie, die mit dem Grimme-Preis ausgezeichnet wurde. Sie liegt in vielen unterschiedlichen Sprachen als Synchronfassung vor (z. B. Englisch, Französisch, Spanisch, Italienisch, Russisch) und bietet sich deshalb für die Sprachmittlung an. Die Serie setzt sich aus drei Staffeln zusammen, spielt in einer fiktiven deutschen Kleinstadt und arbeitet sich über drei Generationen von eng miteinander verbundenen Familien an den Implikationen des Zeitreisens ab. Dabei knüpft sie thematisch an Vorgänger wie „Zurück in die Zukunft" an.

READING LISTENING SPEAKING WRITING

Interkulturelles Lernen durch Perspektivenwechsel fördern

Kurzbeschreibung

Die Schüler*innen sichten Ausschnitte aus einem Film oder einer Serie, die gesellschaftlich relevante Themen behandelt und auf diese Weise eine trans- bzw. interkulturelle Lernerfahrung ermöglicht. Die Schüler*innen erledigen thematische Rechercheaufgaben und tauschen ihr Wissen für eine sensible Beurteilung der Figurensituation aus, wodurch ein Einfühlen in diese Figur möglich wird.

Material

- mehrere Film- oder Serienszenen, die zu Alter, Sprachstand und Interessen der Schüler*innen passen, gesellschaftlich relevante Themen behandeln (z. B. Diversität, LGBTQ+, Migration) und unterschiedliche Figuren charakterisieren (➔ Beispiele)
- Endgeräte zur Online-Recherche (z. B. Smartphone, Tablet)

Durchführung

- Die Schüler*innen sehen die Szenen gemeinsam im Plenum und wählen unter den Hauptpersonen des Films bzw. der Serie eine persönliche Identifikationsfigur.
- Sie begründen ihre Figurenauswahl kurz schriftlich. Ihre Gedanken können sie im Anschluss mit einem*einer vertrauten Mitschüler*in teilen.
- Nun versetzen sie sich in die Gefühls- und Gedankenwelt ihrer Figur hinein. Diese Impulse können die Schüler*innen bei der Einfühlung unterstützen:
  - ➲ **As [Name der Figur] I would feel …**
  - ➲ **As [Name der Figur] I would want …**

- Im Anschluss erledigen die Schüler*innen in Expertengruppen mehrere thematische Rechercheaufgaben zum gesellschaftlich relevanten Thema der Serie (➔ Beispiele).
- Die Expertengruppen stellen ihre Rechercheergebnisse im Plenum vor.
- Zuletzt formuliert jede*r Schüler*in, wie sich seine*ihre Identifikationsfigur (vermutlich) heute fühlen **(feel)** und was die Figur sich wünschen **(want)** würde.

Beispiele

<table>
<tr><th colspan="2">Englisch (B2/C1)</th></tr>
<tr><td>Dramaserie „It's a sin" (Großbritannien 2021, Regie: Peter Hoar)
Die fünfteilige Miniserie macht LGBTQ+-Diskriminierungserfahrungen teils queerer Menschen im London der 1980er-Jahre sichtbar. Die Handlung begleitet die vier jungen Schwulen Ritchie, Ash, Roscoe und Collin und ihre heterosexuelle beste Freundin Jill, die zusammen in einer WG leben.
Die Expertengruppen beschäftigen sich mit folgenden Aspekten:
➲ Gruppe 1: „Clause 28" und die homophobe Politik der damaligen Premierministerin Margaret Thatcher
➲ Gruppe 2: Die Schwulen- und Lesbenbewegung in Großbritannien und Deutschland in den 1980er-Jahren
➲ Gruppe 3: Die heutige Situation von LGBTQ+-Personen in Deutschland
Während dieser Aufgabe läuft der Song „It's a sin" der Pet Shop Boys (1987).</td><td>Serie „Years and Years" (Großbritannien 2019, Regie: Simon Cellan Jones/Lisa Mulcahy)
Die Serie stellt am Beispiel der Mittelstandsfamilie Lyons dar, wie ein plötzliches Militärunglück über eine Zeitspanne von 15 Jahren eine Kette an dystopisch anmutenden Umwälzungen nach sich ziehen kann. Dabei werden Themen der LGBTQ+-Community, Menschenschlepperei an der Mittelmeerküste, die Finanzkrise, urbane Gentrifizierung, die Veränderung des Menschen durch Technologie sowie Behinderungen aufgegriffen.
Die Expertengruppen beschäftigen sich mit folgenden Aspekten:
➲ Gruppe 1: Europäische Flüchtlingspolitik – Wie steht ihr dazu?
➲ Gruppe 2: Gentrifizierung in deutschen Groß- und Kleinstädten – ein Thema, das uns alle angeht?
➲ Gruppe 3: Menschen mit Behinderungen in unserer Gesellschaft – unter- oder repräsentiert?
➲ Gruppe 4: Cyborgisierung des Menschen – Wie weit können wir als Menschen gehen?</td></tr>
<tr><td colspan="2">Beide Serien sind wegen des weithin anerkannten britischen Akzents der Protagonist*innen anschlussfähig und recht gut verständlich. Sie sollen zur Perspektivenübernahme, d. h. ein Einfühlen der Lernenden in die Situation von Mitgliedern von Minderheiten anregen und damit Einstellungsänderungen anbahnen können.</td></tr>
</table>

Wortschatz mit einem Comedy-Sketch erarbeiten

Kurzbeschreibung

Die Schüler*innen sammeln bereits bekannten Wortschatz zu einem Oberbegriff, sehen einen Comedy-Sketch eines Komikers oder einer Komikerin in der Fremdsprache an und erarbeiten neuen Wortschatz.

Material

- Comedy-Sketch eines Komikers oder einer Komikerin in der Fremdsprache, der zu Alter (bei Comedy-Sketches relevant), Sprachstand und Interessen der Schüler*innen passt (➔ Beispiele)
- Themen-Wortkarten mit je einem, ggf. auch mehreren im Sketch thematisierten Oberbegriffen (je nach Gruppengröße werden Begriffe auch doppelt vergeben)

Durchführung

- Die Schüler*innen erhalten Karten mit unterschiedlichen, im Sketch angesprochenen Themen, z. B. allergy, slavery, gun violence.
- Die Schüler*innen erstellen ein Wortnetz zu ihrer Themenkarte und nutzen dabei die folgenden Arten der Verzweigung:
  - Assoziation, z. B. allergy ➔ nut allergy, swollen throat
  - Phonologie, z. B. gun – pun – nun – hun – sun
  - Ähnlichkeiten zu Lexik aus der Mutter-, Herkunfts- oder anderen Sprachen, z. B. allergy ➔ Allergie (Deutsch), alerji (Türkisch), alergia (Polnisch)
  - Flexionen, z. B. allergy (Singular) ➔ allergies (Plural); gun (Substantiv) ➔ (to) gun down (Verb); slavery (Konzept) ➔ slave (Individuum)
  - Synonyme, z. B. gun ➔ weapon, rifle
- Die Schüler*innen stellen sich ihre Wortnetze vor. Offene Fragen werden im Plenum geklärt.
- Die Schüler*innen sehen sich den Comedy-Sketch in der Zielsprache an. Währenddessen ergänzen sie ihre Wortnetze um Wortschatz, den der*die Komiker*in im Sketch verwendet.
- Die vervollständigten Wortnetze werden im Plenum vorgestellt. Je nach Sprachniveau der Klasse bietet es sich an, den Sketch erneut wiederzugeben. Durch das Ansehen des Sketches hinzugekommener Wortschatz wird thematisiert und Fragen werden beantwortet.

Beispiele

Englisch (B2/C1)
➲ Comedy-Programm „Of Course But Maybe" (Louis C. K., HBO Special „Oh My God", USA 2013, Regie: Louis C. K.) ➲ ausgewählte Szenen der Serie „Fleabag" (Phoebe Waller-Bridge, Großbritannien 2016–2019, Regie: Harry Bradbeer), z. B. Staffel 1, Folge 2, zum Thema „Trennungen" ➲ Comedy-Programm „Things People Only Say To Single Women" (Aisling Bea, „Still Watching Netflix", USA 2019) und „What Is Fat-Thin?" (Aisling Bea, „Live at the Apollo", BBC 1, Großbritannien 2021) ➲ Comedy-Programm „The English Language Is So Confusing" (Leikola Ismo, „Just for Laughs Festival", 2019)

Den Konjunktiv II durch Sprachvergleiche verstehen

Kurzbeschreibung

Die Schüler*innen sehen sich zwei Filmausschnitte an, einen aus einem deutschen und einen aus einem zielsprachigen Spielfilm. Währenddessen notieren sie Aussagen der Filmfiguren im Konjunktiv II. Im Anschluss erarbeiten sie induktiv aus den Kommunikationssituationen die Regeln zur Bildung und zum Gebrauch des Konjunktivs in beiden Sprachen. Schließlich schreiben die Schüler*innen selbst einen Dialog, in dem die Filmaussagen im Konjunktiv zum Einsatz kommen.

Material

2 Filmszenen mit Aussagen im Konjunktiv II, die zu Alter, Sprachstand und Interessen der Schüler*innen passen – eine auf Deutsch, eine in der Fremdsprache (➔ Beispiele)

Durchführung

- Im Plenum werden von den Schüler*innen zunächst die folgenden Satzanfänge beendet:
  - If I were you, I would …
  - I wish I was …
  - I could never …
  - I should never …
- Die Schüler*innen erraten, welche Grammatikstruktur allen Sätzen gemein ist: der Konjunktiv II, im Englischen Conditional II.
- Die Schüler*innen sehen sich nun die beiden ausgewählten Filmausschnitte an und notieren währenddessen Aussagen, in denen die Protagonist*innen Wünsche, Hoffnungen oder Möglichkeiten im Konjunktiv II formulieren.
- Im Anschluss tauschen die Schüler*innen in Partnerarbeit ihre Beispiele aus, vervollständigen ihre Beispiellisten und erarbeiten einen Dialog in der Fremdsprache, in dem die Beispielaussagen auftauchen.
- In der Gruppe wird eine Regel formuliert, nach der in der Fremdsprache der Konjunktiv II gebildet und genutzt wird.
- Danach werden die Dialoge im Plenum präsentiert, die Grammatikregeln zusammengetragen und festgestellt, welche Gruppe die meisten korrekten Beispiele aus beiden Filmen identifiziert hat.

Beispiele

Englisch (B1/B2)
Das englischsprachige Comedydrama „Do the right Thing" (USA 1989, Regie: Spike Lee) thematisiert Armut, Rassismus, Gewalt und Polizeiwillkür unter afro- und italoamerikanischen Minderheiten im New Yorker Stadtteil Brooklyn. Der Film zeigt sozial- und herkunftsbedingte Ungleichheit in den USA, die zugleich interessante wie auch relevante Lern- und Sprechanlässe für den Fremdsprachenunterricht bietet. Die Figuren sprechen im Slang, weshalb der Film authentische, aber auch sprachlich herausfordernde Kommunikationsanlässe bietet, die entsprechend dem Sprachvermögen der Lernenden didaktische Unterstützungsmaßnahmen erfordern (z. B. lexikalische Vorentlastung, Scaffolding usw.). Der Film besitzt diverse Szenen, in denen die Figuren Bedauern darüber äußern, was sie anders gemacht hätten, oder Wünsche für die Zukunft kommunizieren. Diese Szenen mit hypothetischen Äußerungen der Figuren im Film können im Zuge eines Arbeitsauftrages von den Lernenden gesucht und die Dialoge so umgeschrieben werden, dass in ihnen der Konjunktiv II zum Einsatz kommt. Sie finden entsprechende Szenen beispielsweise unter folgendem Link zum Film-Drehbuch von Spike Lee: https://imsdb.com/scripts/Do-The-Right-Thing.html (letzter Zugriff: 17.07.2024)

Karaoke

Karaoke als Neuland im Fremdsprachenunterricht

Musik wird – vor allem rezeptiv – bereits vielfältig im Fremdsprachenunterricht genutzt (z. B. durch das Hören von Songs). Musik im Fremdsprachenunterricht produktiv einzusetzen, ist hingegen schon etwas seltener (z. B. das Schreiben neuer Strophen). Dass jedoch Karaoke im Unterricht häufig Anwendung findet (oder als Forschungsthema untersucht wird), lässt sich sicher nicht behaupten. Diese Methode ist Neuland und verspricht Zuträgliches für den Fremdsprachenerwerb.
Das Wort „Karaoke" stammt aus dem Japanischen und setzt sich aus den Bestandteilen **kara**, „leer", und der Abkürzung **oke**, „Orchester", zusammen. In den 1970er-Jahren entstand Karaoke zunächst als abendlicher Zeitvertrieb in japanischen Bars, bei dem Songtexte zu Musik-Playbacks gesungen wurden. Der spätere, weltweite Erfolg ist bekannt.
Der Einsatz von Karaoke im Fremdsprachenunterricht bedarf womöglich einer besonderen Begründung. Hier spielt vor allem eine Rolle, dass das Karaoke eine langlebige, europäisch-westliche Musiktheorie, die eine Unterteilung in E- und U-Musik vornimmt, infrage stellt. Andere Musiktraditionen werden hier als ebenbürtig anerkannt und das Karaoke als musikalische Ausdrucksform legitimiert.
Der Umgang mit Karaoke im Fremdsprachenunterricht geht von einem ästhetischen und ganzheitlichen Lernen aus. Der Songtext wird dabei nicht nur in pragmatischer Hinsicht auf seine Aussage rezipiert („Was will uns das Lied sagen?"), sondern zugleich in zweckfrei-ästhetischer Weise in Bezug zur Musik gesetzt. Außerdem wird die poetische Funktion von Sprache in den Vordergrund gestellt, womit „Sprache um der Sprache willen" betrachtet wird. Darüber hinaus werden durch die produktive Beschäftigung mit den Liedtexten zwangsläufig Grammatik, Wortschatz und Aussprache der Fremdsprache analysiert, reflektiert und angeeignet.
Bislang existiert keinerlei Fremdsprachenforschung zum Einsatz von Karaoke im Unterricht (bis auf einen einzigen kuriosen Recherchetreffer aus Japan zu Karaoke beim Chinesischerwerb). Informativ hingegen sind Ansätze, die allgemein den Einsatz von Musik beforschen und sich ebenfalls auf Karaoke anwenden lassen.
Im Unterricht ist es möglich, am Ende eines Schuljahres eine Abschlussveranstaltung vor Publikum durchzuführen, bei der die bisher entstandenen und eingeübten Stücke aufgeführt werden. Mit diesem Ziel vor Augen wird die Motivation und Aufmerksamkeit der Lerner*innen sicherlich erhöht.

Die in den Methodenblättern aufgeführten Musikbeispiele dienen als Anregungen. Für die konkrete Lerngruppe sollten ihr Musikgeschmack und ihre Themenvorlieben berücksichtigt werden. Bei rezeptiven Übungen können Hörtexte und Videos gegebenenfalls wiederholt abgespielt oder auch verlangsamt wiedergegeben werden. Bei Sprech- und Singübungen empfiehlt es sich, im Chor zu sprechen und nicht einzeln. Im Hinblick auf eine Aufführung können Aussprache, Intonation und Körpersprache geübt und über Feedbackbögen in Partnerarbeit reflektiert werden (s. z. B. „Karaoke/Sprechen", S. 93).

Karaoke eignet sich wunderbar, um Lernende „wach zu halten" und damit den wichtigsten Motor beim Fremdsprachenerwerb in Gang zu halten: ihre Motivation.

Weitere Unterrichtsideen zum Karaoke

- Badstübner-Kizik, C. (2007): **Bild- und Musikkunst im Fremdsprachenunterricht. Zwischenbilanz und Handreichungen für die Praxis.** Frankfurt: Peter Lang.
  ➲ Der Band enthält einen umfangreichen Katalog von Unterrichtsmethoden, z. B. zur Didaktisierung von Musiktexten und zur Arbeit mit Musik.
- Falkenhagen, Ch.; Volkmann, L. (Hrsg.) (2019): **Musik im Fremdsprachenunterricht.** Tübingen: Narr Francke Attempto.
  ➲ praxisorientiertes Studienbuch mit Beiträgen zu verschiedenen Genres, wie Rock- und Popsongs, Rap, Musikvideos, Filmmusik usw., die zahlreiche Praxisbeispiele zur Umsetzung im Unterricht beinhalten
- Perner, M. (2017): **Musik im Unterricht. Rappen für die Sprechsicherheit.** Goethe-Institut: Magazin Sprache, März 2017. Online verfügbar unter: https://www.goethe.de/ins/in/de/spr/mag/20942111.html (letzter Zugriff: 19.11.2023).
  ➲ Praxishinweise zum produktiven Umgang mit Sprechgesang im Unterricht, inklusive Aufgabenblatt zur Verbesserung der eigenen Präsentationstechnik

Die „Lyrik" in einem Song erkennen

Kurzbeschreibung

Die Schüler*innen lesen einen Songtext und erkennen darin lyriktypische Eigenschaften wieder (Reim, Wiederholung, Verse, Refrain). Dadurch wird das Konzept von Literarizität beleuchtet, denn Sprache ist mehr als nur ihre Verwendung.

Material

- ein Song/Gedicht in der Fremdsprache, der/das zu Alter, Sprachstand und Interessen der Schüler*innen passt und Reim, Wiederholung, Verse und Refrain aufweist (→ Beispiele)
- passender Backing-Track, zu dem der Song oder das Gedicht rezitiert wird

Durchführung

- Die Schüler*innen lesen den Songtitel und bilden Hypothesen zum Inhalt.
- Sie lesen einen Textauszug aus dem Song (z. B. eine Strophe plus Refrain).
- Sie klären das Thema des Songtextes.
- Die Lehrkraft fragt, welche Musik zum Songtext passen könnte. Anschließend wird der Song gehört.
- Die Schüler*innen erhalten Redemittel zum Beschreiben von Musikstücken. Sie stellen einen Bezug zwischen Inhalt bzw. Text und Form bzw. Musik her und begründen ihre Meinung.
- Die Schüler*innen markieren strukturelle Auffälligkeiten, die von der Alltagssprache abweichen. Sie erkennen Reime, Wiederholungen, Strophen und den Refrain.
- Die Schüler*innen erkennen durch eine interpretative Aufgabenstellung Bezüge zwischen formaler und inhaltlicher Gestaltung (als Beispiel für eine Fragestellung: **Wieso wird an der Stelle Stilmittel xy eingesetzt?**)

Beispiele

DaF/DaZ (ab A2/B1)
Blumentopf: „Liebe und Hass" (2001) – Thema: Parallelismen
DaF/DaZ (ab B1)
➲ Wir sind Helden: „Nur ein Wort" (2005) – Themen: Redewendungen, Metaphern ➲ Die Ärzte: „Zu spät" (1985) – Thema: Reim ➲ Lina: „100 Prozent" (2017) – Themen: Redewendungen, Umgangssprache

Karaoke-Songtexte schreiben

Kurzbeschreibung

Die Schüler*innen verfassen weitere Strophen oder Refrains für einen Karaoke-Song. Dabei achten sie auf Merkmale der Vorlage, wie Reimschema, Metrum usw.

Material

- Song in der Fremdsprache, der zu Alter, Sprachstand und Interessen der Schüler*innen passt (➔ Beispiele)
- dazugehöriger Songtext
- Instrumentalversion
- ggf. Wortliste

Durchführung

- Die Schüler*innen hören den Song und lesen gleichzeitig den Songtext mit. Das globale Textverständnis wird durch offene Leitfragen, Ja-/Nein-Fragen o. Ä. gesichert.
- Die Schüler*innen analysieren die formalen Merkmale des Songs, d. h. seine Struktur, sein Versmaß, Reimschema usw.
- Für das Schreiben wird den Schüler*innen zur Vereinfachung im ersten Durchgang eine vorgegebene Wortliste ausgeteilt, die thematisch und unter formalen Gesichtspunkten passende Wörter enthält (z. B. Reimpaare, thematische Schlüsselwörter usw.), anhand derer die Schüler*innen ihre Texte erstellen. Mithilfe der vorgegebenen Wörter schreiben die Schüler*innen eine oder mehrere zusätzliche Strophen oder Refrains für den Karaoke-Song. Hier bietet sich eine Partner- oder Gruppenarbeit an.

- Die Schüler*innen tragen ihre Strophen in Kleingruppen einander zur Instrumentalversion vor.
- Als weitere Übung oder Hausaufgabe in Lerngruppen mit hohem Niveau verfassen die Schüler*innen eine weitere Strophe oder einen weiteren Refrain ohne Vorgaben.

Beispiele

DaF/DaZ (B1)
➲ Kraftwerk: „Das Model" (1978) ➲ Rio Reiser: „König von Deutschland" (1986)  © sabri deniz kizil – Shutterstock.com

DaF/DaZ (B2)
➲ Seeed: „Dickes B" (2001) ➲ Herbert Grönemeyer: „Männer" (1984) ➲ Die fantastischen Vier: „MfG" (1999) ➲ Dagobert: „Ich bin zu jung" (2013)  © MD.RUHULAMIN11 – Shutterstock.com

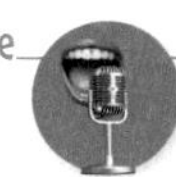

Liebessongs hören und verstehen

Kurzbeschreibung

Die Schüler*innen hören einen authentischen Popsong zum Thema „Liebe", der später als Karaoke-Version gesungen wird (s. „Karaoke/Sprechen", S. 93). Für eine Kombination aus Hör- und Sehverstehen wird mit dem Musikvideo gearbeitet.

Material

- Song in der Fremdsprache, der zu Alter, Sprachstand und Interessen der Schüler*innen passt (→ Beispiele)
- dazugehöriger Songtext
- Videoclip zum Song
- Fotos zum Thema „Liebe, Partnerschaft und Beziehung"
- Lückentext, in dem Reimwörter des Songtextes ergänzt werden müssen oder alternativ eine Richtig/Falsch-Auswahl zu den Reimwörtern

Durchführung

- Die Lehrkraft entlastet den Song inhaltlich und sprachlich vor:
  - Sie legt die vorbereiteten Fotos auf.
  - Sie präsentiert den Wortschatz durch thematische Ausdrücke, z. B. Wortigel zum Thema „Liebe und Dating".
  - Sie erschließt den Inhalt mit Fragen zum Thema, z. B. **Was macht ihr, wenn ihr verliebt seid?, Was für Probleme kann es in einer Partnerschaft geben?** usw.
- Die Schüler*innen sehen den Videoclip ein erstes Mal (ggf. abschnittsweise). Danach wird das globale Textverständnis durch offene Leitfragen, Ja-/Nein-Fragen o. Ä. gesichert, d. h. **Was ist das Thema des Songs? Welche Beziehungskonstellation beschreibt er?**).
- Die Schüler*innen hören den Song zum zweiten Mal, wobei ihnen der Songtext vorliegt. Beim Hören lösen sie eine Aufgabe zum selektiven Hörverstehen (z. B. Lückentext, Richtig/Falsch-Antworten usw.). Mit Blick auf die spätere Karaoke-Performance wird der Schwerpunkt auf die Reimwörter gelegt (z. B. im Lückentext). Zur abschließenden Kontrolle wird das Musikvideo ggf. noch einmal gemeinsam angesehen.

- Anschließend interpretieren die Schüler*innen den Text, bei gemischten Lerngruppen eventuell auch unter interkultureller Sicht, auf Gemeinsamkeiten und Unterschiede usw. hin.
- Die Ergebnisse der Interpretation werden in der Hausaufgabe anhand von Leitfragen verschriftlicht.

Beispiele

DaF/DaZ (B1)
➲ Tocotronic: „Drüben auf dem Hügel" (1995) ➲ Trio: „Da Da Da" (1982)
DaF/DaZ (B2)
➲ Wir sind Helden: „Nur ein Wort" (2005) ➲ Ton Steine Scherben: „Komm, schlaf bei mir" (1972) ➲ Ideal: „Blaue Augen" (1980)

Illustration: © Keysi – Shutterstock.com

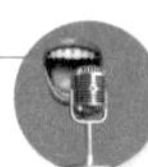

Karaoke/Sprechen | 45–60 Minuten | ab Lernjahr 4

Eine Karaoke-Performance

Kurzbeschreibung

Die Schüler*innen sprechen zunächst und singen dann einen Karaoke-Text, um Aspekte der Aussprache (Einzellaute, Rhythmus und Intonation) und nonverbale Redemittel (Körperhaltung, Mimik und Gestik) zu trainieren. Das Methodenblatt „Karaoke/Schreiben“ (s. S. 89) wurde bereits durch die Lehrkraft eingeführt.

Material

- Gedicht in der Fremdsprache (➔ Beispiel)
- Karaoke-Text und Instrumentalversion eines Songs in der Fremdsprache, der zu Alter, Sprachstand und Interessen der Schüler*innen passt
- von den Schüler*innen zuvor nach dem Methodenblatt „Karaoke/Schreiben“ (s. S. 89) selbst geschriebene Songtexte
- einfacher Kanon (➔ Beispiel)
- Smartphones
- Feedbackbogen „Eine Karaoke-Performance“, S. 94

Durchführung

- Die Lehrkraft leitet ein Warm-up an, indem ein Gedichttext im Chor gesprochen wird.
- Der Originaltext des Karaoke-Songs wird im Plenum im Rhythmus der Instrumentalversion gesprochen.
- Die Schüler*innen einigen sich auf einen der zuvor selbst geschriebenen Texte und sprechen ihn im Chor im Rhythmus der Karaoke-Vorlage.
- Die Lehrkraft leitet ein Warm-up zu Gesang im Chor an, indem ein einfacher Kanon im Plenum gesungen wird.
- Die Schüler*innen singen ihren eigenen Text zur Instrumentalversion und nehmen ihn als Audio oder Video mit dem Smartphone auf.
- Die Lehrkraft gibt über einen Feedbackbogen (s. S. 94) Rückmeldung zur Performance. Es werden Paare gebildet, die sich gegenseitig mit dem Feedbackbogen Peer-to-peer-Kommentare geben.

Feedbackbogen: Eine Karaoke-Performance

Aspekt	Ausgezeichnet (+)	Ausreichend (0)	Ausbaufähig (-)
Körperhaltung	... ist sicher und unterstützt die Performance	... wird wenig unterstützend eingesetzt	... wird nicht eingesetzt
Gestik & Mimik	... unterstützen die Performance sehr gut	... unterstützen die Performance nur selten	... werden nicht eingesetzt
Einzellaute	... werden nahezu akzentfrei realisiert	... haben einen wahrnehmbaren Akzent	... führen wegen Fehlern zu Missverständnissen
Intonation	... wird sehr gut umgesetzt	... wird kaum berücksichtigt	... führt stellenweise zu Missverständnissen

Beispiel

Englisch (B1)

Gedicht:

Limerick

There was a young lady of Riga
Who smiled as she rode on a tiger;
They returned from the ride
With the lady inside,
And the smile on the face of the tiger.[25]

Kanon:

Hejo, spann den Wagen an.
Denn der Wind treibt Regen übers Land!
Hol die goldnen Garben, hol die goldnen Garben!

Heigh-ho! Anybody home?
Food and drink and money have I none.
Still I will be merry, still I will be merry.[26]

[25] Dieser Limerick wird unterschiedlichen Verfassern zugeschrieben: William Cosmo Monkhouse (1840–1901) und Edward Lear (1812–1888), Quelle: Baring-Gould, W. S. (1967): The Lure of the Limerick. New York: Clarkson N. Potter, S. 106.

[26] Englischer Rundgesang, Verfasser*in unbekannt.

„Agathe Bauer“: Eine Oberflächenübersetzung

Kurzbeschreibung

Die Schüler*innen übertragen unter thematischen, formalen und phonetischen Gesichtspunkten einen Songtext aus der Fremdsprache als Oberflächenübersetzung ins Deutsche. Eine Oberflächenübersetzung ist eine phonetische Übertragung eines fremdsprachlichen Songs in die Herkunftssprache, bei der ähnlich oder gleich klingende Wörter durch herkunftssprachliche Wörter ersetzt werden.

Material

- Song in der Fremdsprache, der zu Alter, Sprachstand und Interessen der Schüler*innen passt (➔ Beispiele)
- dazugehöriger Songtext und Instrumentalversion
- Arbeitsblatt zur Oberflächenübersetzung (➔ Beispiel)

Durchführung

- Die Schüler*innen hören den Song und sprechen über ihren ersten Höreindruck. Das globale Textverständnis wird durch Leitfragen gesichert, die schon auf thematische Aspekte gerichtet sind, z. B. mit Wortigel, Ja-/Nein-Fragen, Multiple-Choice-Fragen usw. Anhand der erarbeiteten thematischen Aspekte und Schlüsselbegriffe soll später die Textproduktion erfolgen.
- Die Schüler*innen hören den Song zum zweiten Mal. Sie erhalten von der Lehrkraft ein Arbeitsblatt über den Ablauf der Oberflächenübersetzung ins Deutsche, bei der formale Strukturen des fremdsprachlichen Originals beibehalten werden (z. B. Versmaß, Reim und Rhythmus). Um den Schüler*innen das Prinzip einer Oberflächenübersetzung beispielhaft nahezubringen, kann die Lehrkraft auf ihrem Arbeitsblatt das Gedicht „Oberflächenübersetzung" von Ernst Jandl (s. S. 96) abdrucken. Alternativ kann sie die Schüler*innen fragen, ob sie „Agathe Bauer" kennen. Diese werden verneinen, woraufhin die Lehrkraft ihnen den Song „The Power" von Snap! vorspielt und anhand dessen das Prinzip einer Oberflächenübersetzung erklärt[27].
- Die Schüler*innen bearbeiten das Arbeitsblatt und verfassen eine Oberflächenübersetzung des fremdsprachlichen Songtextes ins Deutsche unter Berücksichtigung formaler Merkmale.
- Die Oberflächenübersetzung wird als Karaoke gesungen.

[27] Hier wird auf die Songzeile „I got the power" angespielt, die sich, oberflächlich übersetzt, wie „Agathe Bauer" anhört.

Gedicht zur Demonstration der Methode

William Wordsworth:	Ernst Jandl: „oberflächenübersetzung“[28]
My heart leaps up when I behold a rainbow in the sky: so was it when my life began; so is it now i am a man; so be it when i shall grow old, or let me die! The Child is father of the Man; And I could wish my days to be Bound each to each by natural piety.	mai hart lieb zapfen eibe hold er renn bohr in sees kai so was sieht wenn mai läuft begehen so es sieht nahe emma mähen so biet wenn ärschel grollt ohr leck mit ei! seht steil dies fader rosse mähen in teig kurt wisch mai desto bier baum deutsche deutsch bajonett schur alp eiertier

Beispiele

DaF/DaZ (B2)
Faith No More: „Midlife Crisis“ (1992) **1.** Hört euch den Anfang des Songs „Midlife Crisis“ von Faith No More an. Welche Instrumente hört ihr? Welche Stimmung transportiert der Song? **2.** Stellt euch nun vor, ihr verändert den Text und denkt dabei über eine Schreibsituation nach. **3.** Lest die Oberflächenübersetzung, die Ernst Jandl zu einem Gedicht von William Wordsworth angefertigt hat. Wie funktioniert diese Oberflächenübersetzung? **4.** Übertragt den Song „Midlife Crisis“ ins Deutsche und fertigt dabei eine solche Oberflächenübersetzung an. Der Text soll aber nicht eine „Midlife Crisis“, sondern eine Schreibkrise beschreiben. Achtet darauf, dass Vers und Rhythmus beibehalten werden. **5.** Singt euren Text zur Karaoke. Eine Version findet ihr hier: […]
DaF/DaZ (B2)
Technotronic: „Pump up the Jam“ (1989)
DaF/DaZ (B1)
➔ wenn nicht bereits zur Erklärung genutzt: Snap!: „I've got the Power“ (1989) ➔ Michael Jackson: „Dirty Diana“ (1987)

[28] Ernst Jandl, Werke in 6 Bänden (Neuausgabe), hrsg. von Klaus Siblewski © 2016 Luchterhand Literaturverlag, München, in der Verlagsgruppe Random House GmbH, S. 51.

Kulturelle Deutungsmuster in Songs

Kurzbeschreibung

Die Schüler*innen lesen Songtexte und hören Songs, um darin relevante kulturelle Deutungsmuster und Stereotypisierungen zu erkennen.

Material

- Song in der Fremdsprache, der zu Alter und Sprachstand der Schüler*innen passt und ein menschliches Grundthema behandelt (z. B. Liebe, Tod, Feiern, Glück, Traum, Fernweh usw.)
- dazugehöriger Songtext
- Song-Lückentext
- Instrumentalversion des Songs

Durchführung

- Lehrkraft und Schüler*innen sammeln Assoziationen zu dem menschlichen Grundthema im Song. Es kristallisieren sich individuelle sowie eigen- und fremdkulturelle Vorstellungen zum Thema heraus; Stereotypisierungen werden hinterfragt.
- Die Schüler*innen hören den Song und sammeln im Anschluss ihre Eindrücke:
  - ➔ **Wie wird das Thema im Song dargestellt?**
  - ➔ **Wie werden Musik und Text in Verbindung gebracht?**
  - ➔ **Was ist überraschend? Was widerspricht der eigenen Erwartung? Was ist konventionell?**
  - ➔ **Was ist kulturspezifisch?**
- Die Schüler*innen erarbeiten im nächsten Schritt eine eigene Version des Songtextes anhand eines Lückentextes, den sie mit ihren Ideen ausfüllen. Die Ideen der Assoziationssammlung können hier eingebracht werden und die Lehrkraft gibt Hilfestellungen zu Rhythmus, Reim, Vokabular usw.
- Die Schüler*innen präsentieren ihre Ergebnisse in Gruppenarbeit und kommentieren und diskutieren untereinander darüber, welche eigen- und fremdkulturellen Vorstellungen enthalten sind oder inwiefern Stereotype geschildert und hinterfragt werden.
- Eine Version der Gruppe wird für eine Plenumspräsentation ausgewählt. Die Schüler*innen lesen ihre Version zunächst gemeinsam im Chor zur Karaoke-Version des Songs vor. Anschließend singen sie sie dazu.

Ein Vokabel-Rap

Kurzbeschreibung

Die Schüler*innen verarbeiten Vokabeln aus einem behandelten Themenfeld zu einem Rap. Der Rap wird zu einer Instrumentalversion eines Hip-Hop-Stücks mit Beat vorgetragen.

Material

- aktueller Vokabelteil aus dem Lehrbuch
- Hip-Hop-Instrumentalstück mit Beat

Durchführung

- Die Lehrkraft wählt ein eingängiges Hip-Hop-Instrumentalstück mit Beat aus und teilt eine Vokabelliste mit Wörtern und ggf. Redemitteln der aktuellen Lektion aus.
- Sie gibt ein Beispiel, wie man die Vokabeln zu rhythmisch und inhaltlich passenden Kombinationen zusammenfügen kann (➔ Beispiel). Dabei weist sie auf die Möglichkeit von Reimen hin.
- Die Schüler*innen erarbeiten in Partnerarbeit unter Verwendung der Vokabeln einen Raptext. Es können auch zusätzliche Wörter verwendet werden, um Reime zu bilden oder Inhaltslücken zu schließen.
- Die Schüler*innen üben ihren Rap zu dem Instrumentalstück. Anschließend tragen sie ihren Rap im Plenum vor.

Beispiel

DaF/ DaZ (A2) – Thema „Computer und Technik"		
Substantive: r Computer e Festplatte s iPhone e Tastatur e App s Programm s Laufwerk r Download r Absturz e Datei s Display e Message r Rechner	Verben: herunterladen hochladen sichern klicken tippen wischen programmieren schreiben posten verschicken Adjektive: technisch schnell langsam	Vorschlag für einen Raptext: Displays wischen, tippen, klicken Messages schreiben und verschicken ich lade Apps und sichere die Datei downloade Bilder, hab mein iPhone dabei mein Rechner ist langsam, aber ich poste schnell mein Zimmer ist dunkel, der Monitor ist hell meine Festplatte zu klein, der Server lädt hoch Computerabsturz – nein! Funktioniert er noch?

Ein Grammatik-Karaoke

Kurzbeschreibung

Ein Grammatikthema wird über einen Song eingeführt oder wiederholt.

Material

- Song in der Fremdsprache, der zu Alter, Sprachstand und Interessen der Schüler*innen passt und die grammatische Zielstruktur enthält (→ Beispiele)
- Instrumentalversion des Songs
- Lückentext mit passenden „Grammatiklücken"
- zweiter Lückentext mit größeren Lücken

Durchführung

- Die Lehrkraft erstellt oder sucht einen passenden Lückentext.
- Die folgende Vorgehensweise ist davon abhängig, ob ein Grammatikthema wiederholt oder eingeführt wird:
  ➔ bei Wiederholung eines Grammatikthemas: Die Lehrkraft teilt den Lückentext aus. Die Schüler*innen hören den Song und füllen die „Grammatiklücken" aus. Im Anschluss werden die Regeln der Grammatik gemeinsam wiederholt.
  ➔ bei Einführung eines neuen Grammatikthemas: Die Schüler*innen hören den Song und füllen die „Grammatiklücken" aus. Danach werden die Regeln der Grammatik in Partnerarbeit abgeleitet und formuliert.
- Als Fortführung wird ein zweiter Lückentext ausgeteilt. In diesen sollen die Schüler*innen grammatische Modifikationen einbauen, z. B. andere Präfixe, Kasusänderungen, andere Flexionen, 2. Pers. Sg. statt 1. Pers. Sg. usw.
- Anschließend wird im Plenum geprüft, welche Modifikationen grammatisch sinnvoll sind und welche inhaltlichen Veränderungen sich dadurch ergeben.
- Der neue Text wird mit der Instrumentalversion als Karaoke im Chor gesungen.

Beispiele

DaF/DaZ (B1) – Konnektoren	Spanisch (A1/A2) – Präpositionen
Heinrich Heine Ich weiß nicht, ... [was] soll es bedeuten, ... [Daß] ich so traurig bin; Ein Märchen aus alten Zeiten, ... [Das] kommt mir nicht aus dem Sinn.[29]	Campana sobre campana Campana .... [sobre] campana, y .... [sobre] campana una, asómate .... [a] esa ventana, verás .... [al] niño .... [en] la cuna. Belén, campanas de .... [de] Belén, que los ángeles tocan, qué nuevas me traéis?[30]

[29] Heine, H. (1972): Werke und Briefe in zehn Bänden. Band 1, Berlin und Weimar: Aufbau-Verlag, S. 103/104.
[30] Andalusisches Weihnachtslied, Verfasser*in unbekannt.

Poetry-Slam

Poetry-Slam als junge Literatur

Der Poetry-Slam (kurz: Slam) ist ein jüngeres Literaturformat, das die Buchlesung mit Wasserglas entstauben möchte. An die Stelle des Dichters oder der Dichter*in, der*die still auf einem Stuhl sitzt, tritt ein*e stehende*r, sich bewegende*r Poetry-Slammer*in. Anstelle eines klassischen Gedichts wird ein Poetry-Slam-Text vorgetragen, also ein Prosatext, der jedoch Stilmittel des Gedichts aufweist: Wiederholungen von Zeilen oder Motiven, Wortspiele, Vergleiche und – als bewährtes Humormittel – die Übertreibung. Anstatt eines Vortrags findet sich eine Slam-Text-Performance, in der geflüstert, gestikuliert und gesungen werden darf. Der Slam-Text wird auf der Bühne also nicht nur vorgelesen, sondern „performt".

Darüber hinaus treten die Slammer*innen in einen spielerischen Wettbewerb ein, in dem sie um die Gunst des Publikums wetteifern. Damit verändert auch das Publikum seine Rolle. An die Stelle passiver Zuhörer*innen tritt eine aktive Jury, die die Textvorträge bewertet und die Gewinner*innen einer Poetry-Slam-Veranstaltung kürt. Trotz des Wettbewerbscharakters gilt in der Slam-Community der Leitsatz, dass es im Poetry-Slam nicht um die Punkte, sondern um die Qualität der Slam-Texte, die Originalität der Ideen und die Kraft der Slam-Performance geht. Also gilt für den Poetry-Slam der folgende künstlerische Leitspruch:

„The points are not the point;
the point is poetry."
(Allan Wolf)[31]

Denn in Deutschland, Österreich und der Schweiz ist Poetry Slam inzwischen ein fest etablierter Teil der Kulturszene. Darüber hinaus wurde der Poetry-Slam im Jahr 2016 in die UNESCO-Liste des immateriellen Kulturerbes für Deutschland aufgenommen und hat damit seinen Platz als neue literarische Kunst bestätigt.

Die folgenden Methodenblätter nutzen den Poetry-Slam als künstlerischen Rahmen, um die fremdsprachlichen Kompetenzen der Schüler*innen zu fördern. Die Methodenblätter können einzeln unterrichtet oder in eine Reihenfolge gebracht werden, um ein ganzes Unterrichtsprojekt zu gestalten. Die Reihenfolge für ein Poetry-Slam-Projekt wäre hier: Lesen, Hörsehverstehen, Schreiben, Sprechen und – als großes Finale – ein Poetry-Slam mit der ganzen Klasse!

[31] Smith, Marc Kelly.; Kraynak, Joe (2004): The Complete Idiot's Guide to Slam Poetry, Indianapolis: Alpha Books, S. 20

Weitere Unterrichtsideen zum Poetry-Slam

- Elis, F. (2013): **Slam 11! Mit dramapädagogischen Methoden das freie Sprechen in einem Poetry Slam schulen.** Englisch 5 bis 10, Heft 23, S. 26–29.
  ➲ Der Beitrag kann für den Englischunterricht ab Klasse 7 genutzt werden und fördert das Sprechen der Schüler*innen über den Vortrag eines Slam-Textes aus elf Wörtern („Slam 11"). Er enthält alle Lehrkraftimpulse, Arbeitsblätter und einen Verlaufsplan. Die Schüler*innen schreiben eigene Slam-11-Texte mithilfe von Textmodellen und Stichwörtern, wärmen sich für den Vortrag auf, tragen ihre Werke vor und führen ein Anschlussgespräch.
- Taubenböck, A. (2004): **Slam!** Der Fremdsprachliche Unterricht Englisch, Heft 67, S. 26–31.
  ➲ Der Beitrag enthält zwei Doppelstunden zum Poetry-Slam für den Englischunterricht der Klasse 11 mit allen Lehrkraftimpulsen, Arbeitsblättern und Erwartungshorizonten. Die Schüler*innen lesen den Slam-Text „My Father's Coat" von Marc Kelley Smith und führen eine interpretative Anschlussdiskussion durch. Danach bereiten sie eine Performance des Slam-Textes vor, führen diese vor und erhalten Rückmeldung dazu.
- Wirag, A. (2020): **Poetry-Slam-Texte mit Defamiliarization-Motiv schreiben und performen.** Der Fremdsprachliche Unterricht Englisch, Heft 168, S. 24–31.
  ➲ Der Beitrag enthält drei Doppelstunden zum Poetry-Slam für den Englischunterricht der Klassen 9/10 mit allen Lehrkraftimpulsen, Arbeitsblättern und Erwartungshorizonten, die zur Durchführung nötig sind. Die Schüler*innen lernen zunächst über Poetry-Slam-Videos Beispiele für gelungene Poetry-Slam-Texte und -Performances kennen. Danach schreiben sie eigene Texte, die das Motiv der „Defamiliarization" (d. h. Verfremdung) nutzen. Im Anschluss tragen die Schüler*innen ihre Texte auf einem Poetry-Slam in der Klasse vor.
- Wirag, A. (2020): **Why won't you wear your vest in winter, Victor? Die Aussprache englischer Laute über Poetry-Slam-Texte trainieren.** Praxis Englisch, Heft 6, S. 15–19.
  ➲ Der Beitrag kann für den Englischunterricht ab Klasse 8 genutzt werden. Er schult die Aussprache schwieriger englischer Laute (/e/–/æ/, /v/–/w/, /Θ/–/ð/), die über Poetry-Slam-Texte trainiert werden. Er enthält alle Lehrkraftimpulse, Arbeitsblätter und einen Verlaufsplan. Im Unterricht hören die Schüler*innen zunächst Slam-Texte, die diese Laute enthalten. Danach verfassen sie eigene Slam-Texte mit einer **word bank**, tragen diese vor und erhalten Rückmeldung zur Aussprache.

Authentische Poetry-Slam-Texte lesen

Kurzbeschreibung

Die Schüler*innen lesen einen authentischen Poetry-Slam-Text in dieser Reihenfolge: Bezug zu Schüler*innen aufbauen, Leseverständnis sichern und interpretative Anschlussdiskussion führen.

Material

- Poetry-Slam-Text in der Fremdsprache, der zu Alter, Sprachstand und Interessen der Schüler*innen passt (→ Beispiele)
- Wörterbuch (z. B. im Smartphone)

Durchführung

- Die Schüler*innen bauen einen eigenen Bezug zum Slam-Text auf. Die Lehrkraft stellt dazu eine Frage, die Schüler*innen und Slam-Text verbindet (z. B. bei einem Text über ein besonderes Kleidungsstück: **Gibt es einen Gegenstand, der euch viel bedeutet?**). Alternativ legt sie ein Bild auf, das zum späteren Slam-Text-Inhalt passt.
- Die Schüler*innen lesen den Slam-Text und klären dabei Vokabelfragen (über Annotationen, das Wörterbuch oder die Lehrkraft).
- Das Textverständnis wird global (Wer? Was? Wo? usw.) und im Detail gesichert (z. B. Zusammenfassung der Slam-Text-Abschnitte).
- Die Schüler*innen führen eine interpretative Anschlussdiskussion durch, die über Leitfragen gestaltet wird (z. B. **Stellt das Kleidungsstück ein Symbol dar?, Was ist die Funktion von Kleidung?, Wie ist die Beziehung der Person zu diesem Kleidungsstück?**).
- Diese Diskussion wird in der Hausaufgabe über Leitfragen verschriftlicht.

Weitere Hinweise

Da Slam-Texte teilweise eine Länge von mehreren Minuten haben, muss der Text für das Arbeitsblatt gekürzt werden. Dabei sollten Einstieg, Refrain und Ausgang belassen werden. Darüber hinaus kann schwieriges Vokabular im Slam-Text annotiert werden, um das Leseverstehen zu entlasten.

Beispiele

Für passende Slam-Texte für den Englischunterricht der Unter-, Mittel- und Oberstufe → „Poetry-Slam/Hörsehverstehen" (S. 109).

Ein Elfchen-Poetry-Slam-Text[32]

Kurzbeschreibung

Die Schüler*innen schreiben und überarbeiten eigene Poetry-Slam-Texte. Dabei nutzen sie die Form des Elfchens, die für Anfänger*innen gut geeignet ist.

Material

- Lehrbuch
- Wörterbuch (z. B. im Smartphone)

Durchführung

- Ein Elfchen besteht aus genau elf Wörtern und bietet ein festes Gerüst für Form und Inhalt der Slam-Texte. Dieses Gerüst erleichtert das Schreiben und sorgt zuverlässig für ästhetisch interessante Ergebnisse.
  - 1. Zeile: 1 Wort – ein Substantiv
  - 2. Zeile: 2 Wörter – was es tut
  - 3. Zeile: 3 Wörter – wo es ist
  - 4. Zeile: 4 Wörter – eine Erklärung
  - 5. Zeile: 1 Wort – ein Fazit/eine Pointe
- Ein erstes Elfchen wird gemeinsam an der Tafel entwickelt.
- Danach verfassen die Schüler*innen zwei Elfchen als eigene Entwürfe.
- Um die Slam-Texte zu verbessern, überarbeiten die Schüler*innen ihre Entwürfe in 3er-Gruppen. Schüler*in 1 kontrolliert den Elfchen-Aufbau, Schüler*in 2 die Grammatik (über das Lehrbuch), Schüler*in 3 die Rechtschreibung. Die Rollen und die Slam-Texte wechseln durch.

[32] Nach einer Idee von Franziska Elis; vgl. Elis, F. (2013): Slam 11! Mit dramapädagogischen Methoden das freie Sprechen in einem Poetry Slam schulen. Englisch 5 bis 10, Heft 23, S. 26–29.

- Sind alle Elfchen überarbeitet, wählt jede*r Schüler*in seinen*ihren Lieblingstext aus.
- Die fertigen Elfchen-Slam-Texte werden performativ vor der Klasse vorgetragen. Der*die Schüler*in, dessen*deren Elfchen als am gelungensten bewertet wird, erhält einen Preis (z. B. einen Hausaufgabengutschein).

Beispiele

Englisch (B1)	Spanisch (A1)	DaF/DaZ (C1)
Dragon barely asleep under the mountain guarding his gold always watching	Estudiantes quieren dormir en la clase el profesor es aburrido ¡Lástima!	Lewandowski langer Pass über die Mittellinie Müller steht vorne frei Latte!

Authentische Poetry-Slam-Performances anschauen

Kurzbeschreibung

Die Schüler*innen hören und sehen eine authentische Poetry-Slam-Performance in dieser Reihenfolge: Textinhalt vorentlasten, Hörsehverständnis sichern und interpretative Anschlussdiskussion führen.

Material

Videoclip einer Poetry-Slam-Performance in der Fremdsprache, die zu Alter, Sprachstand und Interessen der Schüler*innen passt (➔ Beispiele)

Durchführung

- Die Lehrkraft entlastet die folgende Slam-Text-Performance inhaltlich vor. Dazu stellt sie Fragen, die den Textinhalt teilweise vorwegnehmen (z. B. **Was haben eine Zahnbürste und ein Fahrradreifen gemeinsam?**) und schreibt wichtige Vokabeln an.
- Die Schüler*innen sehen sich die Poetry-Slam-Performance (ggf. mit Untertiteln) an. Das Video kann auch schrittweise gesehen werden.
- Das Hörsehverständnis wird global (Wer? Was? Wo? usw.) und im Detail gesichert (z. B. Zusammenfassung einzelner Abschnitte).
- Die Schüler*innen führen eine interpretative Anschlussdiskussion durch, die über Leitfragen gestaltet wird (z. B. **Wie läuft die Beziehung der beiden?**).
- Diese Diskussion wird in der Hausaufgabe über Leitfragen verschriftlicht.

Beispiele[33]

Englisch (B1)
➲ Asha Christensen: „TEDxKids" (2012; Thema: Gedichte schreiben; https://www.youtube.com/watch?v=rtnEnEqjk0E) ➲ Nickoli: „Kids Poetry Slam Fall LEAF 2013" (2013; Thema: ätzender Matheunterricht; https://www.youtube.com/watch?v=4uvku-tYoBg)
Englisch (B1/B2)
➲ Mike Taylor: „I'm Thinking About You" (2011; Thema: Liebe, Verknallt-Sein; https://www.youtube.com/watch?v=P0QiFy8dmX0) ➲ Taylor Mali: „Totally Like Whatever, You Know?" (2010; Thema: Jugendsprache; https://www.youtube.com/watch?v=LGAMd-tT6fQ) ➲ Marc Kelly Smith: „My Father's Coat" (2011; Thema: schwierige Vater-Sohn-Beziehung; https://www.youtube.com/watch?v=_fqtNDkuPcw)
Englisch (B2/C1)
➲ Sarah Kay: „The Toothbrush to the Bicycle Tire" (2010; Thema: Liebe, Verknallt-Sein; https://www.youtube.com/watch?v=BIAQENsqcuM) ➲ Ernestine Morrison: „The Average Black Girl" (2014; Thema: African Americans, USA; https://www.youtube.com/watch?v=2tN4Zulagb8) ➲ Royalty: „Letter to Your Flag" (2018; Thema: African Americans, USA; https://www.youtube.com/watch?v=lJBo9jdUJiY)
DaF/DaZ (C1/C2)
➲ Sebastian 23: „Wenn alles einfach wäre" (2008; Thema: Übertreibung, Humor/Komik; https://www.youtube.com/watch?v=68NnYIATifk) ➲ Julia Engelmann: „One Day/Reckoning" (2013; Thema: Jugend, Lebensbejahung; https://www.youtube.com/watch?v=DoxqZWvt7g8) ➲ Leah Weigand: „Die Pflege ist auf Kante genäht" (2023; Thema: Arbeit in der Pflege; https://www.youtube.com/watch?v=KKnDquSwpMo)

[33] Letzter Zugriff auf alle Links in der Tabelle: 12.12.2023.

Eine eigene Poetry-Slam-Text-Performance

Kurzbeschreibung

Die Schüler*innen üben eine Slam-Text-Performance ein, die sie nach Rückmeldung verbessern. Die Performance trainiert auch die nonverbalen Begleitmittel des Sprechens.

Material

- Poetry-Slam-Text, der zu Alter, Sprachstand und Interessen der Schüler*innen passt (→ Beispiele), kurzes Gedicht aus dem Lehrbuch oder – wenn vorhanden – eigene Slam-Texte der Schüler*innen
- Feedbackbogen „Eine Slam-Text-Performance", S. 112

Durchführung

- Die Lehrkraft leitet z. B. eines dieser Warm-ups an, das die Schüler*innen auf die spätere Performance einstimmt:

  ➲ **Stretch and shake:** Die Klasse stellt sich im Kreis auf und beginnt, einzelne Körperteile zu bewegen, bis am Ende der ganze Körper aufgewärmt ist. Die Lehrkraft leitet an: Shake your right/left hand. Turn your right/left wrist. Shake your right/left arm. Shake both shoulders. Stretch your arms to the ceiling. Turn your right/left foot. Shake your right/left leg. usw.

  ➲ **A gesture story:** Die Schüler*innen arbeiten in Partnerarbeit. Schüler*in 1 erzählt die folgende Geschichte, wobei er*sie nur Hände, Körper und Mimik nutzen darf, um die Bedeutung zu vermitteln. Er*sie liest also nicht vor! Schüler*in 2 errät die Geschichte: One morning I woke up from a deep sleep. I looked at my alarm clock and realized that I was going to be late for school! I jumped out of bed and went to the kitchen. There I ate a bowl of cereal and made myself some toast. I also wanted to give some food to the cat, but I couldn't find it. Where could it be? Oh my god, it was out there, stuck on a tree! First, I didn't know what to do. Then I decided to climb the tree and rescue my cat. Pwehh, what a morning.
- Die Schüler*innen erhalten den Slam-Text, das kurze Gedicht bzw. nutzen ihre eigenen Texte, bereiten eine Performance vor und tragen sie einander in Partnerarbeit vor. Es ist wichtig, dass der Slam-Text nicht einfach abgelesen, sondern mit Energie und Selbstvertrauen vorgetragen wird, als ob der*die Schüler*in an einem echten Poetry-Slam teilnimmt. Der*die Partner*in gibt über einen Feedbackbogen (→ Feedbackbogen: Eine Slam-Text-Performance) Rückmeldung zu Einzelaspekten der Performance.

- Die Schüler*innen tragen ihre Slam-Texte vor der Klasse vor. Der*die Schüler*in, dessen*deren Performance als am gelungensten bewertet wird, erhält einen Preis (z. B. einen Hausaufgabengutschein).

Feedbackbogen: Eine Slam-Text-Performance

Aspekt	Ausgezeichnet (+)	Ausreichend (0)	Ausbaufähig (-)
Körper	nutzt eine lebhafte Körpersprache, um die Textbedeutung hervorzuheben	nutzt wenig Körpersprache, um die Textbedeutung hervorzuheben	hat einen starren Körper, der die Bedeutung nicht hervorhebt
Stimme	hat eine lebhafte Stimme, die dynamisch klingt	hat einen normalen Tonfall und klingt wenig interessiert	hat eine monotone Stimme und klingt gelangweilt
Pausen	nutzt Pausen, um den Slam-Text inhaltlich sinnvoll zu unterteilen	nutzt nicht immer Pausen, um den Slam-Text sinnvoll zu unterteilen	nutzt Pausen nicht so, dass man den Slam-Text dadurch besser versteht
Blickkontakt	nimmt vor, während und nach dem Vortrag Blickkontakt auf	nimmt wenig Blickkontakt mit dem Publikum auf	blickt das Publikum überhaupt nicht an
Energie	bringt Energie und Enthusiasmus in den Vortrag ein	bringt wenig Energie und Enthusiasmus in den Vortrag ein	bringt keine Energie oder Enthusiasmus in den Vortrag ein
Flow & Rhythmus	gibt dem Slam-Text einen guten Flow und Rhythmus	gibt dem Slam-Text wenig Flow und Rhythmus	trägt den Slam-Text ohne Flow oder Rhythmus vor
Aussprache	spricht deutlich; spricht jedes Wort gut verständlich aus	spricht nicht immer deutlich; manche Wörter können nicht verstanden werden	spricht undeutlich oder nuschelt

Beispiele

Für passende Slam-Texte für den Englischunterricht der Unter-, Mittel- und Oberstufe
→ „Poetry-Slam/Hörsehverstehen" (S. 109).

Poetry-Slam/Sprachmittlung | 30–45 Minuten | ab Lernjahr 4

Einen Poetry-Slam-Text literarisch sprachmitteln

Kurzbeschreibung

Die Schüler*innen sprachmitteln einen Poetry-Slam-Text aus der Fremdsprache so ins Deutsche, dass seine literarische und performative Qualität erhalten bleibt.

Material

- Poetry-Slam-Text in der Fremdsprache, der zu Alter, Sprachstand und Interessen der Schüler*innen passt und eine gewisse literarische Qualität aufweist
- Wörterbuch (z. B. im Smartphone)

Durchführung

- Die Schüler*innen arbeiten mit einem Poetry-Slam-Text, den sie bereits gründlich gelesen und verstanden haben (➔ „Poetry-Slam/Lesen", S. 106).
- Sie sprachmitteln den Slam-Text ins Deutsche. Ziel ist es, die ursprüngliche literarisch-performative Qualität des Slam-Textes zu erhalten, d. h., die Schüler*innen übersetzen nicht Wort für Wort, sondern versuchen, den Text in ein idiomatisches Deutsch zu übertragen. Der Slam-Text weist am Ende stimmige literarische Figuren und einen rhythmischen Flow auf.
- Die fertigen deutschen Slam-Texte werden performativ vor der Klasse vorgetragen.

Weitere Hinweise

Handelt es sich um eine DaF/DaZ-Klasse, recherchieren die Schüler*innen einen Poetry-Slam-Text in ihrer Herkunftssprache. Sie sprachmitteln diesen Slam-Text in die gemeinsame Unterrichtssprache Deutsch.

Beispiele

Englisch (B1)
Sarah Kay „The Toothbrush to the Bicycle Tire" They told me that I was meant for the cleaner life; that you would drag me through the mud. They said that you would tread all over me, that they could see right through you, that you were full of hot air; that I would always be chasing, always watching you disappear after sleeker models, that it would be a vicious cycle.[34]
„Zahnbürste an Fahrradreifen" Die anderen sagten, ich hätte ein sauberes Leben verdient; dass du mich durch den Dreck schleifen würdest. Sie sagten, du würdest auf mir herumtrampeln, dass du für sie durchschaubar wärst, dass du schrecklich aufgeblasen wärst; dass ich immer hinterherhetzen würde, dir immer dabei zuschauen, wie du hinter schlankeren Modellen verschwindest, dass es ein Teufelskreis wäre.[35]

[34] Kay, Sarah (2014): No Matter the Wreckage. Poems by Sarah Kay. Austin: Write Bloody Publishing, Illustrated Edition, S. 19
[35] Übersetzung: Andreas Wirag.

Poetry-Slam-Texte als „Critical Incidents“

Kurzbeschreibung

Die Schüler*innen führen eine eigene Recherche nach einem Slam-Text durch, der eine interkulturelle Begegnungs- oder Konfliktsituation enthält. Einer der Slam-Texte wird ausgewählt, gemeinsam gelesen und nach dem Muster eines „Critical Incident" reflektiert.

Material

Poetry-Slam-Text in der Fremdsprache, der zu Alter, Sprachstand und Interessen der Schüler*innen passt und eine interkulturelle Begegnungs- oder Konfliktsituation enthält

Durchführung

- Die Schüler*innen erhalten eine Liste mit Suchbegriffen (→ Beispiele) und ein Slam-Text-Beispiel als Ausgangspunkt für ihre Recherche (z. B. über Google, Youtube).
- Sie führen als Hausaufgabe eine eigenständige Internetrecherche nach einem Slam-Text durch, der eine interkulturelle Begegnungs- oder Konfliktsituation enthält. Diese Aufgabe, die bewusst umfangreicher ist, gibt den Schüler*innen die Gelegenheit, sich selbstständig und tiefer gehend mit Poetry-Slam und seiner interkulturellen Dimension zu beschäftigen. Die Anweisung lautet: **Schaut euch diese Slam-Performance an und lest den dazugehörigen Slam-Text. Er zeigt, wie Leute mit unterschiedlichen kulturellen Hintergründen sich begegnen. Führt eine Internetrecherche durch und findet einen weiteren Slam-Text, der eine solche Begegnungssituation enthält. Dies kann ein Youtube-Video oder ein reiner Slam-Text sein. Ihr könnt auf Youtube englische Untertitel nutzen und das Video langsamer stellen.**
- Dann stellen die Schüler*innen – ebenfalls als Hausaufgabe – den Titel und eine kurze Inhaltsangabe ihres interkulturell relevanten Slam-Textes vor. Die Lehrkraft sammelt die Vorschläge ein, wählt einen der Slam-Texte aus und bereitet ihn für die Folgestunde für die ganze Klasse vor.

- In der Folgestunde wird der Slam-Text gemeinsam gelesen und gesichert (→ Poetry-Slam/Lesen, S. 106).
- Im Anschluss wird der Inhalt nach dem Muster eines „Critical Incident" reflektiert:
  ➲ **Was ist hier passiert?**
  ➲ **Wie fühlen sich die Beteiligten?**
  ➲ **Wie ist das Hintergrundwissen der Beteiligten?**
  ➲ **Habt ihr einmal eine ähnliche Erfahrung gemacht? Wenn ja, was ist genau passiert? Wie seid ihr damit umgegangen? Was war das Ergebnis?**
  ➲ **Wie könnte man die vorliegende Situation auflösen?**
  ➲ **Was lernen wir aus dieser Situation?**
- Diese Reflexion wird in der Hausaufgabe erneut über Leitfragen verschriftlicht.

Beispiele[36]

Englisch (B2/C1)
Suchbegriffe für die Recherche: „Poetry Slam", „culture", „African American", „Black Lives Matter", „Mexican American", „ethnic minority", „immigration", „immigrant" usw. Slam-Text-Beispiele, die interkulturelle Situationen und „Critical Incidents" enthalten: ➲ Ernestine Morrison: „The Average Black Girl" (2014; Thema: African Americans, USA; https://www.youtube.com/watch?v=2tN4Zulagb8) ➲ Royalty: „Letter to Your Flag" (2018; Thema: African Americans, USA; https://www.youtube.com/watch?v=lJBo9jdUJiY) ➲ Leticia: „Chingona" (2017, Thema: Mexican Americans, USA; https://www.youtube.com/watch?v=1eHD_6wg1uw) ➲ Detroit Team: „Why are Muslims so …" (2015; Thema: Musliminnen und Muslime in den USA; https://www.youtube.com/watch?v=3_i7wELTVi0)

[36] Letzter Zugriff auf alle Links in der Tabelle: 12.12.2023.

Ein Ich-Poetry-Slam-Text

Kurzbeschreibung

Die Schüler*innen wiederholen den Wortschatz der aktuellen Lehrbucheinheit, indem sie die Wörter in einen kurzen Poetry-Slam-Text einbinden.

Material

aktueller Vokabelteil aus dem Lehrbuch

Durchführung

- Die Schüler*innen öffnen den aktuellen Vokabelteil im Lehrbuch. Die Lehrkraft bittet die Schüler*innen, unter Benutzung der vorliegenden Wörter einen kurzen „Ich-Poetry-Slam-Text" zu schreiben:
  - Der „Ich-Poetry-Slam-Text" beginnt mit **I like, J'aime bien, Me gusta, Ich mag** usw. als erste Zeile.
  - Danach besteht jede Zeile aus genau zwei Wörtern.
  - Die Lehrkraft weist darauf hin, dass keine reine Auflistung entstehen soll, sondern eine kurze Geschichte.
  - Die Schüler*innen können auch andere Wörter nutzen, um Übergänge zu schaffen. Sie benutzen jedoch hauptsächlich den aktuellen Wortschatz.
- Die fertigen Poetry-Slam-Texte werden performativ vor der Klasse vorgetragen.

Weitere Hinweise

Der Einstieg über **Ich mag** eignet sich eventuell nicht für alle Abschnitte im Vokabelteil. Er muss daher ggf. durch einen geeigneteren Einstieg ersetzt werden, z. B.

Dies sind
schöne Orte …

Ich habe
viele Gefühle
in mir
wie diese …

Beispiele

Englisch (A1)	Englisch (C1)	Spanisch (A1)
I like warm sun cool sea French fries ice tea my cat she's cute my brother he's rude I often watch TV everybody that's me	I'd like to shield us from toxic emissions acid rain ozone layer holes and irreversible disasters but then the issue is too … (back to „to shield" and repeat)	Me gusta la clase de hoy el tema de hoy la lección de hoy y también sobre todo el poema de hoy

Ein Grammatik-Poetry-Slam-Text

Kurzbeschreibung

Die Schüler*innen wiederholen eine Grammatikstruktur aus dem Lehrbuch, indem sie diese Grammatik in einen kurzen Poetry-Slam-Text einbinden. Das Schreiben und der Vortrag festigen die Grammatik.

Material

- aktuelles Grammatikthema aus dem Lehrbuch
- Wörterbuch (z. B. im Smartphone)

Durchführung

- Die Methode geht davon aus, dass eine neue Grammatik eingeführt wurde oder dass eine alte Grammatik wiederholt werden soll.
- Die Lehrkraft schreibt drei oder vier Anwendungsbeispiele für die Grammatik in ganzen Sätzen an. Diese Sätze dienen als Modell für die Poetry-Slam-Texte der Schüler*innen.
- Die Schüler*innen schreiben unter Benutzung der Grammatik einen kurzen Grammatik-Slam-Text. Die Grammatik legt dabei die Struktur des Textes zu großen Teilen fest, z. B. nutzt jede Zeile die zu übende Grammatik. Das eigentliche Thema wird von den Schüler*innen frei gewählt, wobei die Grammatik jedoch das Gerüst bietet.
- Haben die Schüler*innen einen ersten Entwurf geschrieben, tauschen sie ihre Entwürfe aus und korrigieren diese mithilfe des Grammatikteils im Lehrbuch. Ein zweiter, verbesserter Entwurf entsteht.
- Die fertigen Slam-Texte werden performativ vor der Klasse vorgetragen. Der*die Schüler*in, dessen*deren, deren Slam-Text als am gelungensten bewertet wird, erhält einen Preis, z. B. einen Hausaufgabengutschein.

Weitere Hinweise

Das Verfassen der Slam-Texte im Unterricht nimmt einige Zeit in Anspruch. Daher kann der erste Entwurf auch in die Hausaufgabe ausgelagert werden.

Beispiele

Englisch (B1) – If-Satz Typ II	Spanisch (A1) – Das Verb „ser"
If I was – like a giant – tall, all things below would seem so small, if I had my head in the clouds, I'd be looking down on the crowds, if I was as big as the skies, there would be no shoes my size.	Soy una chica tímida Eres un chico tímido Todo es muy complicado Somos personas particulares Sois los que no entienden por qué Las cosas son como son[37]

[37] Texte: Andreas Wirag.

Illustration: © Ampon Akearunrung – Shutterstock.com